¿QUIÉN SE QUEDARÁ?

Construyendo una casa para
la presencia de Dios en el mundo

D. W. Hansen

¿Quién se quedará?
© 2022 por Dwight (D.W.) Hansen

Publicado por Grafo House Publishing, Guadalajara, Mexico
Con Jaquith Creative, Seattle, Washington

ISBN pasta blanda 978-1-949791-87-7
ISBN libro electrónico 978-1-949791-88-4

Para ponerse en contacto con el autor o pedir informes sobre descuentos por volumen para iglesias y grupos de estudio bíblico, visite h4mx.org.

Derechos reservados en todo el mundo. Ninguna parte de esta publicación puede ser reproducida, almacenada en un sistema de recuperación o transmitida, de ninguna forma o por ningún medio, sin el consentimiento por escrito del editor. Los puntos de vista y las opiniones expresadas en este documento son únicamente del autor y no necesariamente de la editorial.

A menos que se indique lo contrario, todas las citas bíblicas son de la Santa Biblia, versión Nueva Biblia de las Américas™ NBLA™ Copyright © 2005 por The Lockman Foundation.

Las citas marcadas RV60 son de la Santa Biblia, versión Reina-Valera 1960 © Sociedades Bíblicas en América Latina, 1960. Renovado © Sociedades Bíblicas Unidas, 1988. Utilizado con permiso.

Impreso en los Estados Unidos de América
25 24 23 22   1 2 3 4

ACERCA DE HEART4MEXICO

Desde 1998, nuestra organización sin fines de lucro Heart4Mexico ha ayudado a proporcionar una transformación vivificante a las comunidades mexicanas a través de ministerios prácticos y centrados en Cristo. Estos incluyen la plantación de iglesias, un orfanato para niños, una Escuela de Misiones acreditada y equipos de misiones a corto plazo.

Heart4Mexico sirve como una fuente de esperanza renovada y segundas oportunidades para aquellos a quienes buscamos servir, y nos esforzamos por mantener estándares confiables y proporcionar resultados que cambien la vida y que impacten a estas comunidades para las generaciones venideras.

Si desea apoyar a pastores, misioneros y proyectos nacionales, puede encontrar más información o hacer contribuciones financieras en h4mx.org.

Correo electrónico: info@h4mx.org

Teléfono (US): 818-388-4835
Teléfono (MX): 311-141-6865

ÍNDICE

Introducción	1
Capítulo 1. Payasos, títeres o la Casa	7
Capítulo 2. El propósito de Jesús	33
Capítulo 3. El modelo	49
Capítulo 4. La fundación	67
Capítulo 5. Los muros	87
Capítulo 6. La cobertura	101
Capítulo 7. Llenando la Casa	117
Capítulo 8. Orden en la Casa	135
Capítulo 9. Plantando la Casa	153
Capítulo 10. Nostalgia	167
Acerca del Autor	181

INTRODUCCIÓN
¿DEBO IR O DEBO QUEDARME?

Trabajé con la organización misionera *Juventud con una Misión* (JUCUM) desde 1980 hasta 1990, y fue una década de viajes, diversión y grandes aventuras para Dios. Me encantó. Nuestra pasión era reclutar y enviar personas a todo el mundo con el evangelio. Viajé por todo el mundo para predicar y llegar a los necesitados.

La meta de cualquier organización misionera a corto plazo, por supuesto, es *ir* a todo el mundo y predicar el evangelio. Esa es la primera parte de la Gran Comisión que Jesús le dio a la iglesia en Mateo 28:19-20. Todavía recuerdo los lemas que repetíamos:

- "Irse significa un cambio de ubicación".
- "Si no vas, no crecerás".
- "Vete a menos que el Señor te diga que te quedes".

No hay nada de malo en eso, por supuesto.

Pero a medida que pasaba el tiempo, comencé a sentir un cambio que ocurría dentro de mi corazón. No solo quería ir, ir, ir. Cuando llegué a donde iba, me encontré con ganas de quedarme.

Verás, la estructura de nuestro programa se centraba en capacitar a los jóvenes durante unos meses, lo que significaba que una vez que el programa terminara, nos despediríamos unos de otros y de la gente a la que servíamos. La única persona que se quedó fue mi esposa, Mary Jo (estaba atrapada conmigo). Pero siempre sentí el anhelo de quedarme y construir cosas para una temporada más prolongada. Quería desarrollar relaciones más profundas y ver a las personas crecer y madurar como cristianos.

Eventualmente nos mudamos a México, donde continuamos haciendo misiones a corto plazo. Sin embargo, cuanto más aprendía sobre la cultura y el país, y cuanto mejor se volvía mi español, más me daba cuenta de las pocas iglesias que daban vida en esta tierra. Mi llamado a plantar iglesias proviene de esas primeras experiencias y sentimientos.

Hay un pasaje famoso en Isaías 6:8 donde el profeta escucha a Dios preguntar: "¿A quién enviaré y quién irá por nosotros?" Entonces Isaías responde: "¡Aquí estoy! Envíame a mí" (Isaías 6:8). Es un versículo de la Biblia que a menudo se usa para hablar de las misiones.

Sin embargo, no creo que Dios esté simplemente preguntando: "¿Quién irá por nosotros?". Creo que lo que Él implora es: "¿Quién va a quedarse? ¿Quién va a construir? ¿Quién cuidará de las ovejas?"

Sí, los misioneros deben ir a todo el mundo, pero necesitan saber lo que harán al llegar al campo misionero. La tarea no es sólo predicar el evangelio, es hacer discípulos. Y para hacer discípulos, necesitamos un lugar que pueda contenerlos. Ese contenedor, ese lugar de seguridad y crecimiento, es la Casa del Señor.

Estoy convencido de que el verdadero poder del evangelio para cambiar vidas se encuentra un poco menos en *irse*, y más en *quedarse.* Es decir, la obra transformadora de Dios ocurre a través del proceso continuo de la comunidad: construyendo, amando, discipulando, riendo juntos, caminando juntos, sufriendo juntos, creciendo juntos.

Ir a todo el mundo es bueno, pero vamos con el propósito de construir comunidades fuertes y saludables de seguidores de Jesús. Ahí es donde el poder de Dios funciona mejor.

Han pasado varias décadas desde que nos mudamos a México, y estoy tan convencido como siempre de que es en la iglesia donde el mundo ve mejor a Jesús. Sé que hay muchos críticos de la iglesia, y tienen sus razones y sus historias. La iglesia no es perfecta, y tiene un largo camino por recorrer. Pero sigo creyendo en ella. Más que nunca, de hecho.

He escrito este libro para los futuros líderes y pastores que son llamados por Dios para dedicarse a la edificación de Su iglesia. Tu trabajo no es en vano: es divino, es hermoso y es necesario.

También he escrito este libro como agradecimiento a quienes han permanecido en los Estados Unidos y otros países; que nos han apoyado generosamente con oración, amor, finanzas y visitas. Su fidelidad y capacidad de florecer donde están plantados ha construido no solo su iglesia local, sino iglesias de todo el mundo.

Y finalmente, lo he escrito para cada creyente. Tú y yo formamos la iglesia. Con todos sus defectos e imperfecciones, con su potencial y su promesa, con sus éxitos y sus fracasos, estamos juntos en esto. Estamos construyendo la Casa de Dios, y es una Casa para todas las naciones.

No puedo pensar en un lugar mejor para estar.

CAPÍTULO UNO

PAYASOS, TÍTERES O LA CASA

"¡SE ESTÁ VOLTEANDO!", GRITÓ MI ESPOSA MIENTRAS se cubría los ojos y se aferraba. El viejo autobús escolar con cuarenta jóvenes dentro apenas podía enfrentarse al terreno escarpado. Las mujeres, y algunos hombres, gritaban cada vez que el autobús se inclinaba demasiado hacia un lado. El polvo se elevaba en las ventanas abiertas, y teníamos que cuidar nuestras cabezas con cada bache. Pero finalmente llegamos al pueblo.

Llegamos a la plaza central y comenzamos a invitar a todos los que veíamos. "¡Ven a ver a los payasos, títeres, obras de teatro y más!", anunciamos a través de una bocina portátil que sonaba distorsionada. Una vez que una multitud se reunió, los jóvenes de nuestro equipo actuaron, bailaron y montaron espectáculos para los niños. Luego cerramos con un testimonio y una invitación a la salvación.

Eran los años ochenta, dirigíamos viajes misioneros como este dos veces al año, y siempre se sentía una aventura. Para mí, fue la recompensa del viaje. Siempre me han encantado los viajes y las grandes aventuras para Dios. Recuerdo que recaudé dinero para esos viajes, oré durante meses; crucé la frontera hacia México y superé muchos obstáculos para predicar en las montañas de Sinaloa, que era territorio de los cárteles.

Ese día en el pueblo, pudimos sentir la respuesta positiva a nuestra visita. Todo salió bien. Los payasos no tropezaron ni cayeron, las bocas de los títeres se sincronizaron con las voces, la música estaba en tono y todos sonreían.

Más importante aún, el mensaje era convincente, y la presencia de Dios era tan fuerte que muchos comenzaron a llorar. Innumerables personas respondieron al llamado a la salvación y se comprometieron a seguir a Jesús.

Cuando terminamos nuestro programa, comenzamos a despedir a la multitud. Noté a un hombre mayor, apoyado contra la pared, asoleándose y viéndonos salir con una expresión de decepción en su rostro. Él era una de las personas que había respondido a la invitación de seguir a Jesús. Me acerqué a despedirme y le extendí la mano. "Dios los bendiga", le dije, en mi español apenas comprensible.

Él simplemente respondió: "¿Ya te vas?"

Luego agregó: "¿Ahora quién nos enseñará?" Sus palabras llegaron directamente a mi alma.

Construir un mejor contenedor

Ese día empecé a pensar en México. Como país, ha estado en el extremo receptor de lo que yo llamo turismo cristiano. El amor por la aventura y los viajes, la cercanía a los Estados Unidos y las puertas abiertas al ministerio han atraído a muchos ministros visitantes. Oleadas de evangelistas, profetas y predicadores pasan a través de la nación, y la gente responde al llamado cada vez. Reciben sanidad, son liberados y se comprometen con Cristo.

Después de los eventos, sin embargo, los visitantes extranjeros se van, y no queda nadie para enseñarles. Para aquellos que están comprometidos a seguir al Señor, es difícil construir y mantener una relación sana con Él porque a menudo son movidos por cada viento de doctrina. Su aislamiento de otros seguidores de Cristo puede frenar su crecimiento y dejarlos expuestos al engaño y las mentiras.

Recuerdo que le pregunté a un orador, que venía de visita, sobre sus esfuerzos al plantar iglesias. Me informó que fundan iglesias, pero no las pastorean. Pensé, *eso es como decir que tenemos bebés, pero no los criamos.* Una campaña evangelística, o un equipo que viene por unas semanas y luego se va, están bien siempre y cuando haya alguna manera de mantener y cultivar los resultados del esfuerzo. Desafortunadamente, la falta de una estructura sólida para poder discipular a toda la nación nos ha vuelto como un recipiente roto que no puede contener la cosecha. Como pescadores de hombres, estamos perdiendo pesca porque nuestras redes están rotas o son inexistentes. El evangelista o el equipo ministerial deben construir un mejor contenedor.

> Jesús diseñó la estructura perfecta para recibir la cosecha que Él sabía que vendría.

Afortunadamente, Jesús planeó con anticipación para esta necesidad, y diseñó la estructura perfecta para recibir la cosecha que Él sabía que vendría. Es la iglesia, que también se llama la Casa de Dios. Él le dijo a Pedro: "También te digo que tú eres Pedro, y sobre esta roca edificaré Mi iglesia; y las Puertas del Hades no prevalecerán contra ella" (Mateo 16:18).

Una de las últimas cosas que Jesús dijo a sus discípulos antes de regresar al cielo fue: "Vayan, pues, y hagan discípulos de todas las naciones, bautizándolos en el nombre del Padre y del Hijo y del Espíritu Santo" (Mateo 28:19). Nos hemos vuelto bastante buenos en la parte de "Vayan", pero muy frecuentemente dejamos de lado lo de "hagan discípulos". El evangelismo sin una iglesia local puede ganar conversos, pero no puede hacer discípulos.

Nos falta el recipiente que Jesús nos dijo que usáramos.

Cada pueblo y aldea

Cuando veo los pequeños pueblos y aldeas de México sin una iglesia, me doy cuenta de que la Gran Comisión todavía no se cumple en esta gran nación. Vivo en uno de los estados más pequeños de México. Hay más de 2700 ciudades y pueblos aquí, sin embargo, hay muy pocas iglesias que den vida.

Las ciudades y pueblos cambian todo el tiempo, son dinámicos. Todos los días, alguien va o viene, alguien nace o muere, alguien está casándose o siendo enterrado. Para hacer discípulos, debemos vivir entre las personas a las que servimos. El evangelista o equipo misionero que organiza una reunión es solo un momento en el tiempo. Sin embargo, si establecemos una iglesia que dé vida, la comunidad tiene un testimonio que es tan dinámico y vivo como la ciudad misma.

Esteban dijo en el libro de Hechos: "Nuestros padres tuvieron el tabernáculo del testimonio en el desierto" (7:44). La palabra "tabernáculo" se refiere a una morada para Dios. De la misma manera que el tabernáculo fue un testimonio de la presencia de Dios morando entre ellos, la iglesia es un testigo de la presencia de Dios en el desierto que es el mundo. Es un lugar seguro. Es un lugar donde las personas pueden encontrarse con Dios y aprender de él, no solo una o dos veces, sino de manera continua.

Dios usa Su Casa para revelar Su plenitud (quién es Él). El apóstol Pablo escribió que la iglesia "es Su cuerpo, la plenitud de Aquél que lo llena todo en todo" (Efesios 1:23). Eso significa que cuando ves a la iglesia, estás viendo a Jesús mismo.

La mejor manera de llevar a Jesús a la gente...es hacer discípulos estableciendo una comunidad de creyentes que sea saludable.

Esta casa es un espectáculo maravilloso para la vista. Isaías profetizó: "Acontecerá en los postreros días, que el monte de la casa del Señor será establecido como cabeza de los montes. Se alzará sobre los collados, y confluirán a él todas las naciones" (Isaías 2:2). La Casa de Dios es una montaña gloriosa, y es donde mora la presencia de Dios y donde el mundo entero puede ver Su gloria.

El profeta Ezequiel habló acerca de cómo el río de Dios, lleno de provisión, fluye de la

Casa de Dios. "Después me hizo volver a la entrada del templo; y vi que brotaban aguas de debajo del umbral del templo hacia el oriente" (Ezequiel 47:1).

Dios hace todo a través de Su Casa. Tengo esta frase impresa en la pared de mi iglesia: "Si quieres ver a Jesús, ve a la iglesia. Si quieres que el mundo vea a Jesús, planta una iglesia".

¿Cómo llevamos a Jesús a cada pueblo y aldea? No solo predicando, regalando dulces para luego marcharse. Ese es un buen comienzo, pero la mejor manera de llevar a Jesús a la gente es cumpliendo Su mandato de lleno, por completo. Es hacer discípulos estableciendo una comunidad de creyentes que sea saludable.

En otras palabras, plantar una iglesia.

Discipulados por la iglesia

Cuando los nuevos creyentes se plantan en una comunidad de fe, naturalmente comienzan a crecer y prosperar. ¿Alguna vez has escuchado la frase: "¿Se necesita un pueblo para criar a un niño?" de la misma manera, creo que se necesita una iglesia para formar a un cristiano.

Entre 1982-83, tuve la oportunidad de servir en un ministerio en Hollywood, California. No, no estaba tratando de convertirme en una estrella del cine, ni de cerca. Nuestra misión era rescatar a la gente de la calle, principalmente a los jóvenes que habían huido a Hollywood con el sueño de convertirse en estrellas.

En nuestro ministerio allí, uno de mis compañeros de trabajo fue muy condescendiente conmigo. Él creía que era superior a todos, en realidad. Un día, me presentó a un grupo de visitantes y les dijo que yo era su "discípulo". Mi cerebro casi explotó ante el pensamiento. Recuerdo haber orado en silencio: "Dios, no me está discipulando, ¿verdad? ¡No hay forma de que quiera ser como él!"

Sin embargo, eso me hizo pensar. *Bueno, ¿quién me está discipulando?*

La respuesta era obvia: Cristo me estaba (y está) discipulando a través de Su Cuerpo, que es Su Casa. A través de Su Casa, Cristo usa a muchas otras personas para levantarnos y ayudarnos a madurar. Debemos honrar a quien se le debe honor, y el honor por "criarme" es de Jesús y Su iglesia. En quién me he convertido y lo que he logrado no es el resultado de un líder o pastor, sino que proviene de la gracia de Dios y de todo el aliento, la enseñanza, la corrección y el entrenamiento de innumerables personas a lo largo de los años.

De la misma manera, la obra de discipulado a la que Jesús nos llama hoy no se trata de crear relaciones exclusivas y jerárquicas donde los "discípulos" deben confiar en los líderes para cada pequeña decisión. Se trata de crear un espacio donde haya aliento mutuo, enseñanza y crecimiento, todo el tiempo. La iglesia es una comunidad de discípulos: personas que han elegido seguir a Jesús, aprender de Él y ser cambiados por Él. Por lo tanto, la iglesia es el mejor lugar y la mejor estrategia para que ocurra el discipulado.

La iglesia es el mejor lugar y la mejor estrategia para que ocurra el discipulado.

Al mirar hacia atrás, a lo largo de los años, me sorprendo y siento honrado por el papel que la Casa ha desempeñado en nuestra vida y ministerio. Nuestra historia es una buena ilustración de cuán influyente y poderosa puede ser la iglesia.

Como mencioné anteriormente, durante los años ochenta, mi esposa y yo servimos en una organización misionera. Viajé por todo el mundo, enseñando y promoviendo la Gran Comisión de predicar el evangelio a cada criatura. Mis compañeros misioneros en la organización fueron todo para mí, eran lo máximo. Servimos y sufrimos juntos, y todo fue para la gloria de Dios.

Mi mayor deseo en ese momento era asistir a una escuela de liderazgo en Ámsterdam que fuera parte de la misma organización misionera. La escuela era una oportunidad única en la vida que no podía desperdiciar, una oportunidad de vivir en una comunidad misionera y estudiar liderazgo con personas comprometidas a llevar el Evangelio al mundo. La escuela nos aceptó, e incluso compramos nuestros boletos de avión. Pero, extrañamente, no nos sentíamos en paz al irnos.

Me molestaba la falta de confirmación, y cuando se lo dije a mi esposa, decidimos orar toda la noche hasta que Dios nos hiciera saber cómo debíamos actuar. Mary Jo es sensible a la voz de Dios, y después de sólo media hora de oración, me dijo lo que no quería escuchar. Ella dijo: "No deberíamos ir a la escuela". En mi terquedad, seguí orando hasta altas horas de la noche, hasta que finalmente, decidí entregar mi voluntad a Dios. No íbamos a ir a la escuela en Ámsterdam.

Le pregunté al Señor: "Entonces, ¿a dónde quieres que vayamos?" No escuché ninguna respuesta. No tenía idea de qué hacer. No podíamos quedarnos con la organización misionera sin un compromiso claro de servir en un área específica, así que tuvimos que irnos, y la única opción era mudarnos con mis suegros.

En ese momento, entendí cómo se sentía el rey David cuando escribió que Dios había apartado a sus conocidos lejos de él (Salmo 88:8). No tenía amigos, y vivía con la familia de mi esposa, sus gatos y su perro. Cuando pasé de ser parte de una comunidad dinámica de ministros que viajan por el mundo con planes estratégicos de alto nivel a vivir en el sótano de mi suegro, fue que me pegó. Sin importar cuánto oraba, Dios no me daría ninguna otra directiva. Comencé a sentir que tal vez Él me había despedido. Seguí haciendo lo que sabía que tenía que hacer, todos los días, pero sentía que no tenía ministerio y no podía encontrar mi lugar. Me sentí como un huérfano.

> "¡Eres misionero y vamos a ir a predicar a México!"

Un día, Mary Jo y yo fuimos a McDonald's a comer hamburguesas, y recuerdo haberle dicho que había perdido la visión. No tenía ni idea de lo que íbamos a hacer. Le mencioné algunas opciones que honestamente no tenía interés en hacer, y en ese momento, me miró a los ojos y me dijo: "¡Eres misionero y vamos a ir a predicar a México!"

Tenía razón. Dios en ningún momento me había despedido; simplemente quería trasladarme a otro lugar.

Claro que para llegar a México necesitaría

financiamiento, y en ese momento, estaba viviendo al día. Para dar sólo un ejemplo: llevaba una vieja camioneta Dodge de 1969 que antes pertenecía a un centro para delincuentes juveniles. Cuando lo conseguí, todo estaba cubierto de groserías rayadas profundamente en la pintura, así que tuve que lijarla y volver a pintar. Naturalmente, un gato saltó sobre el capó antes de que la pintura se secara, así que quedó como una pintura con "diseño de pelo de gato", e igual podías ver las vulgaridades si ponías suficiente atención. La camioneta tenía una transmisión estándar, y todavía recuerdo a Mary Jo conduciéndola. Apenas podía ver su cabeza sobre el volante. Así que isí, el dinero era un verdadero obstáculo!

Comencé a buscar oportunidades para predicar y recaudar apoyo de iglesias que conocía. Una iglesia me invitó a predicar en su servicio dominical. Después de invertir mucho tiempo en la preparación del sermón, conduje las ocho horas hasta su ubicación lleno de expectativas. Cuando llegué, el pastor me llevó a un lado y me preguntó si podían contratarme como pastor de jóvenes para la iglesia. Me sorprendió ya que había comunicado que estaría recaudando apoyo misionero para nuestro traslado a México. Después de informarle que fui llamado al campo misionero y no podía aceptar el trabajo, se sintió tan ofendido que el pastor pidió a un extraño que pasaba por la ciudad que predicara en mi lugar. Me prohibió recaudar fondos, pero aun así tenía que cubrir todos los gastos del viaje. Regresé a casa totalmente derrotado.

Pero, al llegar, recibí una llamada de un amigo cercano que era el pastor de una iglesia con no más de treinta miembros, todos de un área de bajos recursos. Me preguntó: "Diego, ¿cómo estás? ¿Necesitas dinero?"

Honestamente, no esperaba mucho, pero respondí: "¡Por supuesto!" No estaba en condiciones de ir a México y necesitaba ingresos desesperadamente.

El pastor me dijo que alguien me había dejado un sobre con dinero en el púlpito de la iglesia. Recuerdo haber pensado, *¿cuánto dinero podría haber dentro? Nadie en esa iglesia tiene dinero.* Entonces, mientras ambos estábamos hablando por teléfono, abrió el sobre y comenzó a contar. "Cien. Doscientos. Trescientos. Cuatrocientos". Hubo una pausa y dejó de contar. Siempre le encantó crear suspenso.

Impresionante, $400 dólares, pensé.

Pero siguió contando. Después de llegar a mil cien, se detuvo de nuevo, causando aún más suspenso. Luego continuó hasta llegar a los dos mil dólares.

¡Qué padre! ¡Veinte billetes de $100 habían sido dejados en el púlpito de esa dulce y bendita iglesia!

En mi euforia, le pregunté quién había dejado todo ese dinero, y él dijo con franqueza que debía haber sido un ángel porque no había nadie en la iglesia con tanto dinero. Quienquiera que fuera, era la provisión de Dios. No había manera de que llegara a México con lo que tenía.

Después de dar nuestro diezmo, fuimos a comprar el automóvil.

Desafortunadamente, mientras buscaba un vehículo nuevo, el motor de esa miserable camioneta Dodge reventó, y murió. Pronto encontramos un Ford LTD blanco de 1979 con un interior burdeos por $1800, y ese fue el automóvil que manejamos 2,350 millas, tirando de un remolque, hasta Mazatlán, México, una pequeña ciudad en la costa del Pacífico.

A través de todas las pruebas financieras, aprendí de primera mano la verdad de lo que Dios le habló a Abraham: "En el monte del Señor se proveerá" (Génesis 22:14). Sin la Casa, nunca habría podido ir al campo misionero. No fueron otros misioneros los que me enviaron; fue Dios y Su iglesia.

Aprendí la valiosa lección de que podemos ir a todo el mundo, pero alguien debe permanecer en un solo lugar y mostrar la gloria de Dios en su área local. Estaba muy agradecido por la iglesia local. Eran el cuerpo de Cristo: las manos, los pies y la boca de Jesús para mí.

La casa siempre está en construcción

Si alguna vez has sido dueño de una casa, sabes que hay mucho trabajo y gastos detrás. Las cosas se rompen o gotean regularmente, y tienes que arreglarlas. Debes impermeabilizar el techo y las ventanas periódicamente. Necesitas cortar la hierba y dar mantenimiento a las flores, plantas y árboles. Siempre estás atento a posibles problemas de seguridad. Además de eso, puedes optar por remodelarla ocasionalmente para adaptarla mejor a tus necesidades o para mantenerla actualizada.

De la misma manera, la iglesia siempre está siendo reparada, restaurada y reconstruida. No podemos asumir que es perfecta sólo porque la amamos o porque tenemos buenos recuerdos aquí. ¿Cómo podría ser perfecta? ¡Está formada por un grupo de personas imperfectas, después de todo!

No nos reunimos porque seamos personas impecables libres de pecado, sino más bien porque Jesús perdona nuestros pecados y rompe el poder del pecado en nuestras vidas. Él nos cambia, y eso cambia a la iglesia.

Hoy en día, parece que hay una guerra absoluta en contra de la iglesia local. Hay críticas sobre los edificios, la estructura organizativa de la iglesia, la necesidad de diezmos y ofrendas, el estilo de adoración y un sinfín de otros puntos. Algunos movimientos promueven la idea de una autonomía responsable o una comunidad natural. Enseñan que no es necesario tener estructura, descartando incluso la idea de tener pastores o ancianos. Otros dicen que la iglesia ya no es relevante: "Debemos ir donde los perdidos y no insistir en que vengan a nosotros". Finalmente, algunos argumentan que deberíamos reunirnos exclusivamente en los hogares.

> Tenemos que trabajar más duro en la construcción de la iglesia que Jesús imaginó.

Sé que muchas de estas personas están tratando sinceramente de seguir a Jesús y hacer lo que creen que es mejor para los seguidores de Jesús. Es probable que muchos hayan visto las fallas de los líderes a su alrededor, o se hayan desilusionado con el concepto de iglesia. No quiero descartar sus experiencias, pero sí desacuerdo con sus conclusiones. Fuertemente, de hecho. Creo que una de las grandes necesidades de este mundo es que todos tengan una iglesia, la Casa del Señor, cercana.

Sí, se han cometido muchos errores en nombre de la religión. Algunos de ellos fueron fracasos involuntarios de personas que deberían haberlo sabido, y otros fueron abusos de poder por parte de personas que no tenían cabida como líderes en primer lugar. Sin embargo, esos fracasos no significan que la iglesia sea una idea condenada. Significan que tenemos que trabajar más duro en la construcción de la iglesia que Jesús imaginó.

Hay un fenómeno que he observado a lo largo de los años. Cuando las personas salen de la iglesia, a menudo parecen reunirse para quejarse y murmurar en lugar de tratar de mejorar cualquier cosa. Se reúnen en el nombre de su causa o su ofensa en lugar de Jesús. No veo cómo eso les ayuda a ellos ni a nadie más.

La iglesia es la cosa más hermosa, gloriosa, admirable; fea, aterradora y horrenda que existe. Es hermosa porque Dios está presente, y es fea (a veces) porque la gente está presente. El factor humano hace que la iglesia sea vulnerable y frágil. Siempre habrá una razón para criticar a la iglesia, pero sigue siendo el plan de Dios y la novia de Cristo.

¿Eso excusa el abuso o el daño? ¡No! Todo lo contrario. Significa que debemos estar continuamente escuchando, aprendiendo y creciendo en la hermosa iglesia que Dios nos dio el llamado a ser. Significa que los líderes deben ser humildes y sabios, y que los seguidores deben ser humildes y sabios, también. Nadie se queda sin responsabilidad cuando se trata de la iglesia. Estamos todos juntos en esto. La respuesta a la debilidad de la iglesia no es destruir la iglesia, sino trabajar juntos para ser la iglesia que todos queremos y necesitamos.

Sin llaneros solitarios

Muchos hijos de Dios viven sin un hogar espiritual. Sin embargo, ese no es el plan de Dios. La Biblia frecuentemente se refiere a nosotros en plural porque estamos destinados a estar juntos, no solos. Sin embargo, no estamos acostumbrados a pensar de esta manera. Por ejemplo, yo crecí en los Estados Unidos, lo que creó una cultura de individualismo rudo en mí. Mis antepasados fueron pioneros que desarrollaron una nación por su cuenta, después de todo. Me enseñaron a ser duro, autosuficiente, un llanero solitario. Tal vez creciste de la misma manera, independientemente del país del que vengas.

Este pensamiento hace que sea difícil entender a Dios cuando Él nos habla a "nosotros". A menudo, cuando comenzamos a aprender quiénes somos en Cristo, descubrimos nuestros dones espirituales, y sumamos victorias en nuestras vidas, seguimos pensando en nosotros mismos sólo como individuos, y olvidamos que Dios nos está unificando a todos en Su Casa. Muchos pasajes de las Escrituras no son sólo para mí, sino para todo el cuerpo. Por ejemplo, Pablo escribió Efesios a la iglesia de Éfeso en plural, pero a menudo lo interpretamos como escrito a una sola persona (¡yo, por supuesto!) cuando lo leemos.

Recuerdo vívidamente estar en un pequeño pueblo en Chihuahua, México, en 1983, y cierto pastor estaba ministrando en una iglesia donde nos hospedábamos. El pastor era un gran hombre de Dios, pero su esposa estaba embarazada y enferma. Después de

Dios dijo: "No quiero usarte sólo a ti. Quiero usarlos a todos". ver la situación del pastor, supe que era la oportunidad perfecta para comenzar un ministerio de sanación evangelística increíble, mundialmente famoso. Entonces, comencé a clamar a Dios: "Padre, úsame para traer sanidad a la esposa de este pastor".

Escuché la voz de Dios responderme como nunca. Él respondió: "¡No! No te usaré".

Me sentí tan mal después de escuchar esta respuesta, y me atreví a preguntar: "¿Por qué Señor?"

Dios dijo: "No quiero usarte sólo a ti. Quiero usarlos a todos". En ese momento, entendí que somos un solo cuerpo, y Él es la cabeza. Comenzamos a orar como grupo, y el Señor sanó a la esposa del pastor. Dios recibió todo el honor por su sanidad, y todos participamos. Tal y como debe ser.

No hay Llaneros Solitarios en el reino de Dios. A pesar de que algunos líderes reciben más atención o parecen tener más influencia, son solo una parte de la iglesia, y su influencia es el resultado de la comunidad detrás de ellos.

Dios no está buscando que los individuos se destaquen entre los demás; en cambio, Él está buscando un cuerpo, una iglesia, que pueda ser Su Casa. Siempre debemos recordar que somos parte de algo que nos incluye, pero que es más grande que nosotros.

CAPÍTULO DOS

EL PROPÓSITO DE JESÚS

...sobre esta roca edificaré Mi iglesia; y las Puertas del Hades no prevalecerán contra ella.
—Mateo 16:18

"Señor, ¿cuál es mi llamado? ¿Qué quieres que haga?" Hice esas preguntas muchas veces cuando comencé en el ministerio. Parecía que todos los demás eran llamados a algún lugar exótico o incluso a "todas las naciones". Sus títulos elevados, oportunidades únicas en la vida y talentos excepcionales me intimidaban.

Continuamente batallé con mi identidad y vocación. ¿Por qué estaba aquí en este planeta y qué debía hacer? Cada vez que preguntaba, lo único que me venía a la mente era predicar la Palabra. *Él llama a todos a hacer eso,* pensé, pero decidí que era un punto de partida.

Trabajando en Hollywood en un ministerio de rescate cuando era joven, finalmente tuve la oportunidad de predicar.

"Queremos que prediquen con los chicos de las calles cuatro veces a la semana", me dijo el director.

Ya que parecía ser mi llamado, acepté el desafío. Mi primera oportunidad fue predicar tres mensajes en un día. Estudié, oré e incluso ayuné en preparación.

Desafortunadamente, mi primer mensaje fue un fracaso. Sentí como si las palabras que salían de mi boca cayeran directamente al suelo. El segundo mensaje fue aún peor. ¡Varios de los chicos se quedaron dormidos!

Mi única esperanza era redimir el día marcando un gol con mi último mensaje. Miré a los chicos en la tercera reunión y les di todo lo que tenía. Saqué todas las historias que se me ocurrieron, grité, interpreté a los personajes e hice todo lo posible por comunicarme bien.

Una vez más, fracasé miserablemente.

Cuando terminé de predicar ese tercer mensaje, me sentí como un fracaso total; Dios me había llamado a predicar, pero no podía hacerlo. Qué horrible crisis de identidad. No era bueno en lo que me llamaban a hacer.

¿Para qué predicar, siquiera? Me pregunté. *¿Hablamos por hablar? ¿Es sólo una oportunidad para mostrarle a la gente cuánto sé? ¿Cuál es el propósito?*

A veces, hacemos que el propósito de predicar sea demasiado acerca de nosotros. Eso es lo que yo estaba haciendo. Hacemos todo por nuestro ministerio y nuestro llamado. Quería saber lo que Dios me llamó a hacer, pero nunca pensé en lo que Él quería hacer. Busqué mi propósito, pero no busqué cumplir Su propósito.

Jeremías, el profeta, le dijo a su amigo y ayudante Baruc que no buscara grandes cosas para sí mismo (Jeremías 45:5). ¿Por qué? Porque la ambición egoísta siempre produce cosas malas. Santiago escribió: "Porque donde hay celos y ambición personal, allí hay confusión y toda cosa mala" (3:16).

> La vida impulsada por un propósito debe ser una vida impulsada por Su propósito.

Con demasiada frecuencia, hacemos mucho trabajo para Dios, pero muy poco trabajo con Dios. Definimos nuestra misión, declaramos nuestras visiones y estrategias sin tomar en cuenta la misión y visión Suyas. Él está construyendo algo, y debemos ayudarlo a cumplir Su sueño más grande, no sólo el nuestro. La vida impulsada por un propósito debe ser una vida impulsada por Su propósito.

Construiré

¿Cómo definirías el propósito de Jesús? Si pudieras preguntarle a Jesús lo que Él quiere lograr, ¿qué diría? ¿Respondería que Su meta es hacer que muchas personas crean en Él? ¿O que Él quiere que todos sean felices y se lleven bien? ¿O que quiere tener un ejército que lo declare Rey por la fuerza? ¿O que Él quiere ponerle fin a este mundo y a toda su maldad? Nos encanta contarle a Jesús nuestros deseos más profundos y nuestros sueños más grandes, pero ¿queremos conocer los Suyos? Necesitamos esforzarnos por entender Su plan y conocer Sus deseos. Él merece un pueblo que entienda Su corazón.

Cuando estaba aprendiendo español, me enseñaron que el uso del tiempo futuro es a menudo más definitivo en español que en inglés. Es una declaración: iré, lo haré, estaré allí. Las canciones de adoración a menudo usan este tiempo verbal: adoraré, cantaré, etc. Es una declaración de voluntad, intención y compromiso.

Por esa razón, Jesús llama mi atención cuando declara: "Edificaré mi iglesia". Él edificará Su iglesia, y el enemigo no puede detenerlo. Es Su voluntad y Su promesa, y eso debe tomarse en serio.

Jesús está enfocado y se dedica cien por ciento a la Casa. Es más que una idea bonita u otra forma de servir al Señor. Es el plan de Dios. Jesús enseñó acerca de la Casa, oró por la Casa e invirtió Su ministerio en los líderes centrales de la Casa.

> Jesús enseñó acerca de la Casa, oró por la Casa e invirtió Su ministerio en los líderes centrales de la Casa.

Jesús a menudo enseñaba acerca del reino de Dios en parábolas y predicaciones. Era un tema común de Su ministerio. He escuchado a muchas personas decir que el propósito de Jesús es edificar el reino de Dios. Dicen que sólo necesitamos proclamar el reino de Dios a toda la tierra.

Estoy de acuerdo en que necesitamos predicar el reino, pero también sé que la Casa es donde el Rey habita entre nosotros. Si vamos a decirle a la gente: "El reino de Dios está aquí", ¿dónde vamos a señalar? La expresión tangible del reino de Dios es la comunidad de fe. Son los discípulos quienes son conocidos por su amor (Juan 13:35). Es la iglesia. Es por eso que me cuesta entender cómo alguien puede estar en el reino de Dios y no estar en una iglesia local.

El compromiso de Dios de edificar Su iglesia se ve ilustrado en el Antiguo Testamento por el rey David y Salomón. El rey David quería construir un templo para Dios, pero Dios le dijo: "Sin embargo, tú no edificarás la casa, sino que tu hijo que te nacerá, él edificará la casa a Mi nombre" (2 Crónicas 6:9).

Entonces, David preparó materiales y mandó a su hijo, Salomón, a que construyera el templo. David es una ilustración de nuestro Padre Celestial, que dio a Su Hijo para construir la Casa.

Salomón conocía el corazón de su padre. Él dijo: "Y mi padre David tuvo en su corazón edificar una casa al nombre del Señor, Dios de Israel" (1 Reyes 8:17). Salomón tenía un propósito claro. Tenía una misión confiada a él por su padre, y sabía lo que había en el corazón de su padre.

¿Sabes lo que hay en el corazón de tu Padre? ¿Sabes lo que Dios quiere construir a través de ti?

Cristo vino a establecer la Casa, y Él vive para edificarla. Al igual que Salomón, Él conoce el corazón de Su Padre. Él tiene una misión y un propósito claro.

No creo que haya sido una coincidencia que Jesús fuera carpintero. Los carpinteros siempre están construyendo algo. Pasan su tiempo procurando materiales, planificando proyectos, juntando las herramientas adecuadas y llevando a cabo el trabajo. De la misma manera, Jesús es un constructor, y Él siempre está haciendo algo. Sin embargo, ese "algo" es mucho más significativo que una cómoda o una mesa: es la iglesia eterna.

Lleno de Su Gloria

El libro de Éxodo menciona a un hombre que también podría considerarse un tipo o ilustración de Cristo. Su nombre era Bezalel, y Dios lo llenó de sabiduría y comprensión para completar la tarea de construir el tabernáculo (Éxodo 35:30-31). Al igual que Bezalel, Jesucristo tiene la sabiduría y el entendimiento para edificar Su Casa. A medida que Cristo continúa moviéndose entre nosotros, todo lo que hace contribuye a la construcción de un templo donde la presencia de Dios pueda hacerse visible aquí en la tierra.

Cristo no vino a la tierra simplemente para agregar gente convertida a Su nueva religión. Él no es el promotor de un credo o una doctrina. No está vendiendo algo bonito. Él no es un orador motivacional tratando de mejorar tu vida. No es un político. No dirige un club social. Él no está tratando de agregar más amigos a Su red social. La obra de Jesús, en pocas palabras, es edificar juntos a los creyentes para que puedan ser un templo para la presencia de Dios en la tierra.

A lo largo de la historia, Dios siempre ha creado maneras de morar entre su pueblo. Después de que Israel salió de Egipto, Dios le ordenó a Moisés que hiciera una morada para Él en el desierto mientras viajaban hacia la Tierra Prometida. "Que Me hagan un santuario, para que Yo habite entre ellos" (Éxodo 25:8).

El pueblo dio sacrificialmente para construir el tabernáculo, y cuando terminaron, la gloria de Dios lo llenó de tal manera que nadie podía entrar, ni siquiera Moisés. La nube descansaría sobre el tabernáculo hasta que fuera la hora de que Israel se moviera, entonces los hijos de Israel seguirían la nube de Su presencia. La Casa (el tabernáculo) era el centro del pueblo de Dios; era el lugar para reunirse con Él.

El templo que Salomón construyó fue catalogado como una de las siete maravillas del mundo antiguo por San Gregorio de Tours. Cuando se completó la construcción del templo, la Biblia dice que la gloria de Dios llenó el templo, al igual que había llenado el tabernáculo.

Muchos años después, Jesús vino y

comenzó a construir la iglesia. Lo hizo todo de acuerdo con el plan de Su Padre, incluso dando Su vida por la iglesia. Jesús instruyó a Sus discípulos a esperar en Jerusalén hasta la promesa del Espíritu Santo. Cuando estaban juntos, orando en un aposento alto, la misma gloria que cayó sobre el tabernáculo de Moisés y el templo de Salomón llenó su lugar de encuentro.

Debido a que Jesús cumplió el plan del Padre, dondequiera que dos o más se reúnan en Su nombre, Él está entre ellos, y Su gloria llena la Casa del Señor nuevamente. El profeta Habacuc escribió: "Pues la tierra se llenará del conocimiento de la gloria del SEÑOR como las aguas cubren el mar" (2:14). Dios quiere llenar la tierra con Su presencia, y Su iglesia es el recipiente que recibe y derrama Su gloria.

> Este es nuestro llamado como cristianos: ser una morada para Dios en la tierra.

Este es nuestro llamado como cristianos: ser una morada para Dios en la tierra. El mundo necesita urgentemente conocer el amor y la gracia de Dios, y esto significa que necesitan ver el amor y la gracia obrando en nosotros.

Pablo escribió esto en su carta a los Efesios:

> Así pues, ustedes ya no son extraños ni extranjeros, sino que son conciudadanos de los santos y son de la familia de Dios. Están edificados sobre el fundamento de los apóstoles y profetas, siendo Cristo Jesús mismo la piedra angular, en quien todo el edificio, bien ajustado, va creciendo para ser un templo santo en el Señor. En Cristo también ustedes son juntamente edificados para morada de Dios en el Espíritu. (2:19-22)

Me encanta la frase, "ya no son extraños ni extranjeros". He vivido la mayor parte de mi vida como extranjero en México. Después de mucho tiempo, finalmente me convertí en ciudadano, pero muchos todavía me ven como un extranjero. Durante un tiempo, traté de disfrazar mi apariencia. Compré un sombrero e incluso unas botas de vaquero, pero no había forma de que pudiera ocultar mis ojos azules y mi acento.

Puede parecer que no siempre encajo aquí en México, pero estoy muy contento de "encajar" con el Cuerpo de Cristo. No soy un extraño. Pertenezco a la Casa de Dios, a Su familia, y no soy menos digno que cualquier otro miembro. Soy una pieza vital de todo el cuerpo trabajando en conjunto, y tú también.

El resto de este pasaje habla acerca de cómo Cristo logra Su propósito. Primero establece una base perfecta, y luego todo el edificio se convierte en un templo santo en el Señor. Somos el material que Cristo usa para lograr Su propósito. Somos miembros de Su familia.

La frase final resume el resultado de este proyecto de construcción: somos "juntamente edificados para morada de Dios en el Espíritu".

Ese es nuestro llamado. Ser una morada de Dios, un templo santo para el Señor, una familia y una casa para Su presencia.

Liberando a Jesús

Si la iglesia es el contenedor para la gloria de Dios, eso significa que tenemos una responsabilidad muy grande. Dios depende de nosotros para ser la iglesia donde Su gloria puede morar.

Un amigo mío me dijo una vez: "Jesucristo es un prisionero".

Casi ofendido, respondí: "¡Eso no es cierto! ¡Dios es todopoderoso y prisionero de nadie!"

La persona respondió: "Si Su cuerpo no se mueve, paraliza todo lo que Jesús quiere hacer, haciéndolo prisionero en Su propio cuerpo". Mi amigo me recordó que Dios había escogido Su Casa, y Su Casa es Su cuerpo. Si el cuerpo de Cristo no está presente, entonces no hay manos que lleven a cabo la obra y no hay boca para anunciar las buenas nuevas.

Como cristianos, a menudo clamamos para que Dios "nos haga libres", mas deberíamos orar para que Cristo sea liberado a través de nosotros, Su iglesia. La Casa es la plenitud de Dios en el mundo. Cuando establecemos una iglesia viviente, liberamos a Cristo para caminar y trabajar en Su creación.

Jesús edificará Su iglesia, tal como lo prometió. Él ya la está construyendo: a través de cada uno de nosotros, porque *somos la iglesia*. Su gloria se ve entre nosotros dondequiera que nos reunimos y cada vez que actuamos en unidad. Su gracia fluye a través de nosotros y hacia un mundo que necesita urgentemente más de Él.

CAPÍTULO TRES

EL MODELO

Entonces levantarás el tabernáculo según el plan que te ha sido mostrado en el monte.
—Éxodo 26:30

"C󠀠ómo Leer Planos Arquitectónicos" fue mi clase favorita en la universidad. Aprendí que algunos planos se hacen exclusivamente para plomería, otros son para estructuras y demás. Hay símbolos para cada elemento que el diseño requiere en el edificio, desde inodoros hasta enchufes eléctricos. Hay que saber interpretar cada símbolo para poder leer los planos.

De la misma manera, Dios nos ha dado un plan, un esquema exacto, un plano, para construir Su templo. La Casa del Señor es Su Casa, y al colaborar con Cristo para edificarla, debemos seguir Su plan y cumplir Sus deseos.

Pablo escribió: "Porque nosotros somos colaboradores en la labor de Dios, y ustedes son el campo de cultivo de Dios, el edificio de Dios. Conforme a la gracia de Dios que me fue dada, yo, como sabio arquitecto, puse el fundamento, y otro edifica sobre él. Pero cada uno tenga cuidado cómo edifica encima" (1 Corintios 3:9-10). Necesitamos estudiar y entender los planes para la Casa antes de comenzar a construir.

En 1999, estaba en la primera fila de la adoración en una iglesia en Everett, Washington, mientras un predicador llamado Tim Bagwell oraba por más de 300 niños a los que había llamado para orar. La presencia del Señor era tan dulce que me quedé de pie en la audiencia, con los ojos cerrados y las manos levantadas. De repente, alguien agarró mi corbata y me jaló hacia adelante. Era el predicador. Me llevó para estar con los niños y luego dio unos pasos hacia atrás y me miró. No me conocía, ni lo que yo hacía, pero comenzó a hablarme. "Hay un edificio listo para ti... Necesitas salir y encontrarlo... Cuando regreses a casa, encontrarás un edificio para la iglesia".

Tan pronto como regresé, reuní a nuestro equipo y les dije: "Hay un edificio listo para nosotros. Vamos a buscarlo". No teníamos dinero, así que se sorprendieron ante la seguridad en mi semblante. Pero sí teníamos una promesa.

Entonces, nos propusimos buscar un edificio. Visitamos algunos lugares, pero nada parecía posible. Es difícil comprar algo sin dinero o crédito.

Entonces un miembro del equipo me dijo que "La Fuente", un lugar que funcionaba como restaurante, bar y salón de eventos, estaba a la venta. Inmediatamente me llamó la atención porque estábamos familiarizados con el edificio. Incluso lo habíamos rentado para nuestro programa de Navidad. Pensé que sería demasiado caro, pero de todos modos pedí una reunión con el propietario. Para mi sorpresa, quería $2,000,000 de pesos (aproximadamente 200,000 dólares en aquel entonces), mucho menos de lo que esperaba.

Le ofrecí darle $150,000 pesos como pago inicial y pagar el saldo en un año. El dueño estaba tan ofendido por mi oferta que salió de la reunión echando humos. ¡Ese día aprendí un montón de groserías nuevas en español! Naturalmente, asumí que el trato estaba muerto.

A pesar de que pensé que el dueño estaba enojado conmigo, busqué un consejo.

"Necesitas mejorar la oferta", me dijo un amigo cercano y consejero. Claro, fácil de decir para él. Pero, unos días después, mejoré la oferta. Le dije al dueño: "Le daremos $300,000 como enganche y $20,000 al mes durante un año. Entonces pagaremos lo que queda".

Lo que no sabía en ese momento era que el propietario estaba pagando el equivalente de $16,000 al mes en intereses sobre el edificio, y estaba desesperado por salir. Para mi sorpresa, dijo: "Está bien".

Me quedé allí mirándolo por un segundo, sin creer que hubiera aceptado la oferta. El único problema era que no teníamos los $300,000 que le acababa de ofrecer. "Sólo danos unas semanas para obtener el pago inicial", solicité.

Él estuvo de acuerdo con eso. "Una cosa más", le dije, "si compramos su edificio, también queremos el nombre". Siempre habíamos querido nombrar a nuestra iglesia "La Fuente", pero este restaurante/bar y salón de eventos ya estaba usándolo, y no habíamos querido causar confusión, así que habíamos llamado a nuestra iglesia "Centro de Vida". También estuvo de acuerdo con pasarnos el nombre. ¡Así fue como compramos el edificio y el nombre al mismo tiempo! Fue un sueño hecho realidad.

Sin embargo, eso fue solo el comienzo de los milagros. Nuestra iglesia de 200 miembros en Tepic dio $200,000 en una noche en la primera ofrenda que recaudamos, y pudimos pagar el pago inicial. Durante el año siguiente, recaudamos la mitad de lo que necesitábamos para comprar el edificio, y un amigo de nuestra iglesia generosamente nos prestó el resto. En tres años, este préstamo fue pagado, y fuimos dueños del edificio sin deudas. ¡Todavía estoy sorprendido por la fidelidad de Dios durante esa temporada!

Si íbamos a operar eficientemente y con sabiduría, necesitábamos seguir un plan maestro.

Nunca imaginé tener tanto espacio. Justo después de tomar posesión del edificio, comenzamos la remodelación. Sin embargo, teníamos más entusiasmo que sabiduría. Un día, decidimos mover una pared de Tablaroca de 5 metros de altura. Con treinta jóvenes y mucha cuerda, lentamente comenzamos a jalar la pared a través del edificio de la iglesia. Parecía una gran idea al principio, hasta que la estructura se debilitó, se tambaleó y comenzó a caerse. Todos vieron lo que estaba sucediendo y se alejaron. Excepto por un tipo. Pobre hombre, la pared cayó justo sobre su cabeza. Yo entré en pánico, por supuesto, pero él rompió la Tablaroca simplemente. Aparte del susto, estaba bien.

Sin embargo, después de una escapada por un pelo, supe que no podíamos simplemente construir al azar. Si íbamos a operar eficientemente y con sabiduría, necesitábamos seguir un plan maestro.

El Plan Maestro de Dios

De la misma manera, debemos seguir un sabio plan maestro al construir la Casa de Dios. Dios le dio un plano a Moisés de cómo quería que se construyera el tabernáculo. Los hijos de Israel lo hicieron exactamente de acuerdo con ese plan: "Así fue acabada toda la obra del tabernáculo de la tienda de reunión. Los Israelitas hicieron conforme a todo lo que el Señor había mandado a Moisés. Así lo hicieron" (Éxodo 39:32).

Debido a que siguieron el plan, la presencia de Dios habitó entre ellos, dando testimonio de Su presencia y poder en el desierto. "Nuestros padres tuvieron el tabernáculo del testimonio en el desierto, tal como le había ordenado que lo hiciera el que habló a Moisés, conforme al modelo que había visto" (Hechos 7:44). Del mismo modo, cuando seguimos el plan de Dios, la iglesia se convierte en un gran testimonio en el desierto de este mundo.

El tabernáculo era un símbolo de la verdadera morada de Dios, que es Su iglesia. El autor de Hebreos describió el tabernáculo y sus muebles así: "Los cuales sirven a lo que es copia y sombra de las cosas celestiales, tal como Moisés fue advertido por Dios cuando estaba a punto de erigir el tabernáculo. Pues, dice Él: 'Haz todas las cosas conforme al modelo que te fue mostrado en el monte'" (Hebreos 8:5).

En otras palabras, el diseño específico de Dios para el tabernáculo estaba hecho para reflejar Su diseño específico para la iglesia, que es el Cuerpo de Cristo. Si Él tuvo mucho cuidado con los materiales y la construcción de una tienda de campaña que fue transportada por el desierto durante algunas décadas, ¿no es lógico que Él tuviera mucho cuidado con la construcción de Su Casa eterna hoy?

Cuando miramos a la iglesia moderna, muchas veces no vemos la plenitud de Cristo. Vemos algunas cosas buenas, por supuesto, y también encontramos un montón de problemas. Ahora, la tentación es culpar de los problemas a muchas cosas. Pero la conclusión es que, en muchos sentidos, no estamos construyendo de acuerdo con el modelo bíblico. Nuestras iglesias están llenas de reglas, formas y tradiciones que no se encuentran en la Biblia. Nos aferramos a las tradiciones de los hombres más que a los mandamientos de Dios.

Construir la casa por capricho es una mala idea, por cierto; al igual que mover una pared de cinco metros con cuerdas. En lugar de caminar en la sabiduría humana, necesitamos aprender lo que la Biblia dice acerca de Su Casa.

El Plan de Hechos

El libro de Hechos es un gran modelo para la iglesia. Cada vez que leo Hechos, deseo ver a la iglesia de hoy a la altura de su llamado y potencial para impactar al mundo entero. La iglesia primitiva no era perfecta, por supuesto, pero era una fuerza viva, creciente, santa, poderosa, llena del Espíritu e influyente para el bien. Hay muchas verdades que podemos aprender del ejemplo de los apóstoles y de la iglesia que construyeron y amaron.

Una de las verdades más claras que la iglesia primitiva demuestra es *el poder de la unidad*. La unidad no era sólo una teoría, sino una parte fundamental de la vida cristiana. El libro de Hechos dice: "Todos los que habían creído estaban juntos y tenían todas las cosas en común; vendían todas sus propiedades y sus bienes y los compartían con todos, según la necesidad de cada uno. Día tras día continuaban unánimes en el templo y partiendo el pan en los hogares, comían juntos con alegría y sencillez de corazón, alabando a Dios y hallando favor con todo el pueblo. Y el Señor añadía cada día al número de ellos los que iban siendo salvos" (2:44-47). Ver a las personas unidas en amor fraternal mientras caminan con Cristo es impresionante.

Una segunda verdad que los creyentes en Hechos demostraron fue *el verdadero encuentro con el Dios vivo*. Vivían en la presencia de Dios, y entendían que el reino de Dios estaba entre ellos. Por ejemplo, un día, Pedro y Juan fueron al templo a orar, y en el camino, Pedro respondió a un hombre cojo que estaba suplicando: "No tengo plata ni oro, pero lo que tengo te doy: en el nombre de Jesucristo el Nazareno, ¡anda!" (Hechos 3:6). El hombre fue sanado al instante.

Caminar con Jesús es así de simple. Lo que tenían, lo daban. Jesús les había dicho a Sus discípulos antes: "Y cuando vayan, prediquen diciendo: 'El reino de los cielos se ha acercado'. Sanen enfermos, resuciten muertos, limpien leprosos, expulsen demonios;

de gracia recibieron, den de gracia" (Mateo 10:7-8).

Si no sabes qué hacer en el ministerio, comienza allí mismo. Encuentra una manera de regalar libremente lo que has recibido.

> Encuentra una manera de regalar libremente lo que has recibido.

Cada persona en esa primera iglesia entendió que un encuentro genuino con Cristo era un requisito. No se unían a una religión, sino que nacían de nuevo en una relación viva con Cristo. Fueron bautizados con el Espíritu Santo, lo que significaba estar llenos de poder y vivir en comunión con Dios y sus hermanos y hermanas.

Una tercera característica de la iglesia primitiva era *su compromiso con la iglesia*. Esto no era lealtad ciega a una organización, sino un compromiso sincero entre sí. Desde el principio, entendieron la importancia de reunirse, servirse unos a otros y hacer la vida juntos.

Cuando una pareja viene a mí preguntándose sobre el divorcio, les recuerdo del compromiso que hicieron "para bien o para mal". Este compromiso es lo que nos hace capaces de empujar a través de los conflictos hasta que encontremos una solución. Es por eso que mi esposa y yo ni siquiera bromeamos sobre el divorcio. Hicimos una promesa, y debemos superar nuestros conflictos. No es una opción tirar la toalla cuando las cosas se ponen difíciles. En cambio, hablamos, oramos, aprendemos, crecemos, nos humillamos, mostramos gracia y trabajamos en ello hasta que encontramos una resolución saludable.

De la misma manera, las iglesias locales experimentarán temporadas difíciles a veces. Puede haber conflictos, ofensas y malentendidos. Sin embargo, si nos hemos comprometido unos con otros, y si hay un verdadero amor fraternal entre nosotros, perseveraremos. Buscaremos una solución. Aprenderemos y creceremos hasta que nos convirtamos en mejores personas gracias al conflicto, en lugar de dejar que el conflicto nos separe.

La cuarta cosa que aprendemos de Hechos es que *la Casa del Señor fue fundada sobre la enseñanza de los apóstoles* y no sobre las últimas ideas o vientos de doctrina. Los apóstoles escucharon las palabras del Señor Jesucristo, las siguieron y las enseñaron a los demás. Esta enseñanza produjo un cambio genuino en la vida de los creyentes. Estaban dispuestos a dar sus vidas por Dios. Somos una casa construida sobre la roca cuando escuchamos Su Palabra y la seguimos.

Quinto, en Hechos, vemos *el liderazgo de un equipo de ancianos que funcionan con amor*. Los líderes no servían motivados por ganar dinero sino, más bien, por sus corazones. Cuando un hombre quiso comprar el don de Dios, Pedro lo reprendió fuertemente (Hechos 8:20-23). No eran clérigos profesionales, sino líderes siervos, llamados por Dios para hacer la obra. El ministerio no era una plataforma para su fama, una base de poder político o una fuente de riquezas (aunque los trabajadores son dignos de sus salarios). Eran un equipo unido, se amaban unos a otros, y cada uno ofrecía a la iglesia el don que recibían de Dios. Apóstoles, profetas, evangelistas, pastores y maestros sirvieron a la iglesia como ancianos y edificaron a los miembros del cuerpo. En mi experiencia, el pésimo gobierno de la iglesia es una causa común de división en la iglesia moderna. (Hablaremos de eso en un capítulo posterior).

Sexto, los primeros discípulos dedicaron mucho tiempo a *la oración y la adoración juntos*. Estaban todos juntos orando cuando el Espíritu Santo llenó el lugar. Pedro y Juan se dirigían al templo a la hora de oración cuando el hombre cojo recibió sanidad. El apóstol Pablo escribió mucho sobre la oración. Pablo y Silas oraron y cantaron himnos en la cárcel. El libro de Hechos está lleno de ejemplos de personas con una relación real y viva con Dios.

Hoy en día, las carreras, la educación y otros compromisos a menudo interfieren con la Casa de Dios, y nuestros horarios están tan llenos que la asistencia regular a la iglesia puede ser difícil. Entonces le preguntamos a Dios, ¿por qué no hay poder en nuestras iglesias? Nos preguntamos por qué la iglesia primitiva experimentó el poder, los milagros y la influencia que no vemos en la iglesia hoy. La diferencia es simple: el amor por Jesús y por los demás era su primera prioridad. Eso no significa que descuidaron sus otras responsabilidades, pero sí significa que se tomaron en serio su tiempo juntos.

> Necesitamos la sabiduría y la creatividad de Dios para saber cómo aplicar Sus principios dondequiera que Él nos llame a construir.

Finalmente, en el libro de los Hechos, *la presencia y el poder de Cristo se manifestaron a menudo*. El poder de Dios explotó en el día de Pentecostés, tocando a los vecinos, el estado, la nación y los confines de la tierra. El mundo entero podía ver la realidad de una iglesia llena de Su poder. "Sobrevino temor a toda persona; y muchos prodigios y señales (milagros) se hacían por los apóstoles" (Hechos 2:43).

Como hemos visto, Hechos es un gran modelo de cómo se debe construir la Casa. Eso no significa que sea un libro de mandamientos que debamos seguir al pie de la letra. Algunos de sus métodos no se aplican hoy en día porque cada cultura y entorno son únicos, por lo que necesitamos la sabiduría y la creatividad de Dios para saber cómo aplicar Sus principios dondequiera que Él nos llame a construir. En nuestro proceso de construcción, el corazón, la pasión, el amor, la unidad y el ejemplo general de la iglesia primitiva no tienen precio. Necesitamos recibir el corazón de su historia y construir con el mismo plan. No debemos edificar la Casa por nuestras fuerzas. No debemos edificar con nuestra lógica o la experiencia humana. En cambio, podemos mirar al diseño de Dios. Vamos a dejar que Dios edifique la Casa. Él tiene un plan, y cuanto más construyamos de acuerdo con ese plan, mejor será Su Casa.

CAPÍTULO CUATRO

LA FUNDACIÓN

Si los fundamentos son destruidos; ¿Qué puede hacer el justo?

—Salmo 11:3

Cuando escuchamos que se construiría una tienda Walmart en Tepic, estábamos encantados. Era principios de los noventa, y en ese momento, solo teníamos dos tiendas de abarrotes de tamaño mediano con productos limitados. Durante meses, pasamos por el terreno donde supuestamente se iba a construir el edificio, pero todo lo que vimos fue maquinaria pesada y mucha gente jugando en el barro. Entonces, un día, las paredes estaban completamente levantadas. Me di cuenta de que todo ese tiempo, estaban trabajando en la base. Una vez que la base fue sólida, el trabajo progresó rápidamente.

Cada vez que construimos algo, una gran parte del presupuesto y el tiempo se gasta en lo que está escondido bajo tierra. Dios tardó más de 4000 años en edificar la base de Su iglesia, una base lo suficientemente fuerte como para apoyar a la Casa de Dios. En Efesios, Pablo habla sobre el fundamento de la Casa: "... edificados sobre los cimientos de los apóstoles y profetas, siendo Cristo Jesús mismo la piedra angular" (2:20). Observe que esos cimientos tienen tres partes: los profetas, los apóstoles y Cristo Jesús, la piedra angular. La estrategia del enemigo es destruir los cimientos. A menudo, lo hace atacando una de las tres partes. En otras palabras, las personas enfatizan parte de la base y descuidan el resto. Eso conduce a la debilidad y al fracaso en la iglesia porque toda la base es importante, no solo una parte. Examinemos cada una de estas tres partes con más detalle.

Una base de tres partes

La primera parte del fundamento son *los profetas*. Los profetas representan la enseñanza del Antiguo Testamento. La ley y los profetas fueron la revelación de Dios a Israel antes de que Jesús encarnara. La ley es absoluta, y no hay lugar para la gracia y la misericordia. Es por eso que había un sistema de sacrificios en Israel: porque nadie podía cumplir la ley en su totalidad. Desafortunadamente, algunas personas y ministerios se basan sólo en el fundamento de la ley y los profetas. Son legalistas y se basan en reglas. En lugar de una relación viva a través de la fe, se enfocan en seguir reglas.

Recuerdo a un compañero de mi programa de capacitación misional que era unos diez años mayor que yo. Era padre soltero de una preciosa niña, pero era muy legalista. Fue muy duro con su hija y con nosotros, sus compañeros de estudios. Memorizaba versículos sobre el juicio, la justicia y la santidad e ignoraba por completo cualquier cosa sobre el amor y la gracia de Dios. Nunca aprendió a valorar una relación con Jesús llena de misericordia y amor. Poco después de terminar la escuela, se convirtió al islam. Él construyó toda la Casa sólo sobre la ley y los profetas, y esta no se mantuvo.

La segunda parte del fundamento de la iglesia son *los apóstoles*, que representan el Nuevo Testamento. Algunas iglesias están construidas sólo sobre el fundamento del

Nuevo Testamento. Ignoran las valiosas verdades del Antiguo Testamento por completo, enfocándose solo en lo que ven en la enseñanza o el ejemplo del Nuevo Testamento.

Por ejemplo, hay un grupo de iglesias que no permite instrumentos musicales en sus servicios porque el Nuevo Testamento no menciona el uso de instrumentos musicales en la adoración. Sólo habla de cantar y alabar con su corazón al Señor; por lo tanto, solo permiten cantar. Sin embargo, Dios ya nos enseñó cómo adorar en los Salmos. Todo lo que tiene aliento debe alabar al Señor, y todos los instrumentos disponibles deben unirse en adoración. La adoración se enseña tan bien en el Antiguo Testamento que no hay necesidad de repetirla en el Nuevo Testamento.

La tercera parte del fundamento es *Jesucristo*. Una vez más, hay algunos que hacen de esto toda su base. Creen que Jesús es el "Dios buena onda" en la Biblia, y abogan por leer sólo "las palabras en rojo". Sólo están construyendo sobre una pequeña parte del Nuevo Testamento.

Sin embargo, Dios inspira toda la Escritura.

Pablo escribió: "Toda Escritura es inspirada por Dios y útil para enseñar, para reprender, para corregir, para instruir en justicia, a fin de que el hombre de Dios sea perfecto (apto), equipado para toda buena obra" (2 Timoteo 3:16-17). Amar a la gente no significa que rechacemos la justicia de Dios. No continuamos en pecado para que la gracia abunde. Usamos toda la Escritura para edificar la Casa. Utilizamos toda la base.

Estas tres partes del fundamento —profetas (Antiguo Testamento), apóstoles (Nuevo Testamento) y Jesucristo— proporcionan un fundamento fuerte para una Casa saludable. Los tres son necesarios. El más importante, sin embargo, es Jesús mismo. Es por eso que la Biblia lo llama nuestra "piedra angular" (ver 1 Pedro 2:6-7). Hoy en día, tenemos excelentes herramientas para la topografía y el trazado de los cimientos. Los métodos han cambiado significativamente desde los tiempos bíblicos.

Como nuestra piedra angular, Jesús es el punto a partir del cual medimos.

En aquel entonces, se utilizó una piedra angular para identificar dónde se encontraba la primera esquina del edificio, y fue el punto de medición que definiría el resto de los cimientos y, en última instancia, el edificio.

Como nuestra piedra angular, Jesús es el punto a partir del cual medimos. Un buen fundamento se alinea con Jesús, la piedra angular principal. Él dijo: "Por tanto, cualquiera que oye estas palabras Mías y las pone en práctica, será semejante a un hombre sabio que edificó su casa sobre la roca" (Mateo 7:24). Al construir, si una esquina está fuera de línea, no se mueve la piedra angular. Ajusta la esquina torcida hasta que se alinee con la piedra angular. Si mueves la piedra angular, estarás completamente fuera de línea y la casa sufrirá.

Cuando un cimiento o una pared está absolutamente nivelada y en línea con el resto, en inglés, la llamamos "True" que significa "verdadera". Del mismo modo, cuando estamos en línea con Jesús, nuestras vidas son verdaderas. Él es el punto desde el cual medimos. Él es la verdad, y cuando nuestras vidas se alinean con Su enseñanza, somos verdaderos.

Una casa que prevalece

En las montañas de Sinaloa, la gente tiene mucho miedo a un fenómeno que se llama "un tornado de agua". Esto ocurre cuando el agua es succionada del océano y luego arrojada en un lugar de las montañas.

Esto sucedió un día en un pueblo donde habíamos comenzado una iglesia, y causó una terrible inundación repentina. La casa de la vecina frente a nosotros se desmoronó debido a sus pobres cimientos. Perdió la vida, y el agua se llevó su casa y todo lo que poseía. Fue muy triste. El agua que corría por el pueblo arrastraba vacas y otros animales hasta el mar, a tal punto que los pescadores sacaban vacas en lugar de camarones.

Del mismo modo, el enemigo entra como una inundación contra la iglesia porque sabe que la mejor manera de derribarnos es destruyendo la Casa. "Porque vendrá el enemigo como río, mas el Espíritu de Jehová levantará bandera contra él" (Isaías 59:19 RV60).

Hay un ataque total contra los cimientos de la Casa. El enemigo sabe que, si puede destruir la Casa, nada lo detendrá. Cité el Salmo 11:3 arriba. "Si fueren destruidos los fundamentos, ¿qué ha de hacer el justo?" Por lo tanto, la estrategia del enemigo es destruir los cimientos. Si no construimos la Casa sobre los profetas y los apóstoles, no puede sostenerse. Peor aún, cuando rechazamos la divinidad, el poder, la preeminencia o la enseñanza de Jesús, decapitamos el cuerpo de Cristo.

Sin embargo, si los cimientos de la Casa son fuertes, incluso las puertas del Hades no prevalecerán contra la iglesia. El enemigo puede venir como una inundación, pero no prevalecerá. He visto un río de maldad que fluye contra la iglesia. Cada vez que plantamos una iglesia, el enemigo trata de matarla antes de que nazca. Pero nada puede dominar a la Casa de Dios cuando está construida sobre el fundamento correcto.

Recuerdo cuando empezamos la iglesia en

> Nada puede dominar a la Casa de Dios cuando está construida sobre el fundamento correcto.

Tepic, Nayarit. Tuvimos mucho favor, y la iglesia comenzó a crecer en el edificio que rentamos. Llegó el momento de comprar algunos equipos de sonido y suministros, así que nos dirigimos a Guadalajara, una gran ciudad a dos horas al sur de nosotros. Después de comprar las bocinas perfectas para nuestro sistema de sonido, fuimos a Costco para una última parada antes de regresar a casa. La camioneta que había comprado a crédito el año posterior iba cargada con el equipo de sonido y otros artículos comprados, junto con nuestros pasaportes y cuatrocientos dólares en efectivo.

En Costco, llenamos dos carritos con las cosas que necesitábamos. Cuando salimos al estacionamiento, ¡la camioneta no estaba! No lo podía creer. Alguien había robado mi camioneta con todo en ella. Rápidamente llamé a la policía para denunciar el robo. "¿Cuál es el número de matrícula?", preguntaron. *¿Quién memoriza su matrícula?*, pensé. Así comenzó la prueba de mi camioneta robada.

Pasé horas y horas reemplazando pasaportes, presentando informes policiales y presentando reclamos de seguros. La aseguradora tardó un año para enviarme el dinero de la póliza y, mientras tanto, tuve que seguir haciendo los pagos de la camioneta. También hacía pagos sobre un carrito nuevo que tuve que comprar. Eso, junto con los costos de una nueva iglesia, hizo que mis gastos superaran mis ingresos, y me endeudé. La deuda produjo una pesada carga de estrés y preocupación. Pasó más de un año antes de que Dios milagrosamente proveyera. Prevalecimos por la gracia de Dios, pero ciertamente no fue fácil.

A veces el ataque es interno, no externo. Es decir, comienza dentro del corazón o en el carácter de los líderes de la iglesia. Alrededor de la época en que comenzamos la iglesia en Tepic, vi una ola de maldad golpear la costa oeste de México. En solo un año, al menos un pastor prominente en cada ciudad grande de la costa oeste de México cometió adulterio. Era tentador pensar que ningún pastor era fiel a su esposa. Iglesias importantes en todo México estaban divididas y muchos fueron heridos por la debilidad de aquellos líderes. En medio de la jornada, por alguna razón, esos pastores descuidaron el fundamento de su propia fe.

Cada iglesia que hemos comenzado tiene que pasar por varias "pruebas de inicio", como a veces las llamo. He visto oleadas de ataques contra la iglesia toda mi vida ministerial, pero también he visto la gracia y el poder de Dios para resistir al enemigo y establecer Su Casa.

Verdad, Amor, Fe

Hay varias verdades importantes en las que se basa la fundación. Estos incluyen la *verdad* de la Palabra, el valor del *amor* fraternal y la *fe* en el papel de la iglesia hoy. Veamos cada uno de estos brevemente.

Primero, nuestro fundamento se basa en la verdad de la palabra de Dios. Jesús dijo que la persona que oye Sus palabras y las pone en práctica edifica sobre un fundamento firme. Por lo tanto, si el enemigo quiere destruir la Casa del Señor, primero necesita rechazar o torcer la Palabra de Dios. Cuando escucho a tanta gente hablar mal de la iglesia, me pregunto si alguna vez han leído la Biblia.

No puedo entender cómo dicen que no necesitamos pastores o liderazgo cuando la Biblia dice: "Y Él dio a algunos el ser apóstoles, a otros profetas, a otros evangelistas, a otros pastores y maestros" (Efesios 4:11).

No puedo entender cómo dicen que la predicación es ineficaz cuando la palabra de Dios declara: "¿Cómo, pues, invocarán a Aquél en quien no han creído? ¿Y cómo creerán en Aquél de quien no han oído? ¿Y cómo oirán sin haber quien les predique?" (Romanos 10:14).

Y no puedo entender cómo dicen que reunirse juntos es innecesario cuando Hebreos nos anima; "Consideremos cómo estimularnos unos a otros al amor y a las buenas obras, no dejando de congregarnos, como algunos tienen por costumbre, sino exhortándonos unos a otros, y mucho más al ver que el día se acerca (Hebreos 10:24-25).

La segunda verdad crucial en la que se basa nuestro fundamento es el amor fraternal. "Permanezca el amor fraternal" (Hebreos 13:1). A veces es más fácil amar a un extraño o a alguien en todo el mundo que amar a uno de nuestros hermanos, que está justo a nuestro lado. Y, sin embargo, Dios agrega personas a la iglesia, y somos llamados a amarlas. Son nuestra primera prioridad.

Cuando acepté al Señor, la iglesia a la que asistía parecía perfecta, y todos los cristianos allí eran mis héroes. Quería estar en la iglesia todos los días, a tal punto, que incluso asistía a la "reunión de oración de los ancianos". No me preocupé por los problemas de la iglesia. Estaba en mi primer amor.

> Dios agrega personas a la iglesia, y somos llamados a amarlas.

Sin embargo, había un tipo que realmente me molestaba. Era la mosca en la pomada, la piedra en mi zapato. Comenzó a irritarme cada vez más, pero yo tenía un plan de escape. Me dirigía a una escuela de capacitación misional diseñada para personas como yo. Pronto estaría fuera de mi vida.

Recuerdo haber llegado a la escuela, finalmente libre de ese tipo para siempre. Emocionado de estar en mi nueva aventura, fui a mi habitación designada en una pequeña cabaña para alojamiento estudiantil. Un compañero de estudios se sentó en la litera inferior, y rápidamente quedó claro que era diez veces más irritante que el chico de mi iglesia natal. Solo hablaba de sí mismo y se quejaba constantemente. Era el estudiante más joven que habían recibido, y se burlaba de mí todo el tiempo por no ser lo suficientemente "cool". Rápidamente quedó claro que los seis meses juntos en una cabaña serían una gran prueba para mí.

Mientras leía un libro llamado Rees Howells: Intercesor, leí: "Si puedes amar a uno, puedes amar a dos; y si puedes amar a dos, puedes amar a todos". Nuestro Señor lo dijo aún mejor. "Porque si ustedes aman a los que los aman, ¿qué recompensa tienen? ¿No hacen también lo mismo los recaudadores de impuestos?" (Mateo 5:46). Es fácil amar a los que te aman, pero amar a los que te irritan es otra cosa. El fundamento de la Casa es el amor que nos tenemos los unos a los otros. El amor fraternal es como el cemento que entra en el fundamento del templo del Señor.

Mi proyecto en esa escuela era amar a uno solo, y tenía que amar a mi irritante compañero de cuarto con amor fraternal. Todavía recuerdo un día quejándome de él con Dios. "¿Cómo puedo amarlo? Es imposible. Él es la única persona desagradable en la tierra".

"El amor da" es todo lo que vino a mi mente. Entonces, usando lo último de mi cambio, compré una barra de chocolate para él y la dejé sobre su cama. Al encontrarlo, lo devoró en un segundo sin una palabra de agradecimiento o pregunta sobre quién lo dejó.

La gran prueba llegó cuando me puse mi nuevo traje de pana bronceada de tres piezas de John Travolta y me miré en el espejo. "Dale tu traje", dijo el Señor. Entonces, sacrificialmente se lo di. El amor siempre da, y puedo decirte que lo amé.

La tercera verdad en la que se basa nuestro fundamento es la creencia de que la iglesia local es el plan de Dios. La iglesia no es solamente una de las muchas maneras de ministrar, sino es una estrategia diseñada por Dios para alcanzar a los demás, amarles, cuidarles y enseñarles.

La obra del ministerio proviene de la Casa porque cada uno de nosotros es parte del Cuerpo de Cristo. Nuestro trabajo y servicio son una extensión de lo que Jesús está haciendo a través de la iglesia en sus muchas formas. Si creemos que la iglesia local no es importante o es secundaria, descartamos el hecho de que somos el cuerpo de Cristo y estamos en comunidad y conexión unos con otros. En lugar de disminuir el papel de la iglesia, necesitamos celebrarlo.

Para mi esposa y para mí, los ministerios que dirigimos o en los que servimos son parte de la Casa del Señor. Nunca están separados de la Casa. Por ejemplo, no somos un orfanato con una iglesia, sino más bien una iglesia con un orfanato. No somos una Escuela Bíblica con una iglesia, sino más bien una iglesia con una Escuela Bíblica. Todos nuestros ministerios fluyen de la Casa. Isaías dijo: "Que el monte de la casa del Señor será establecido como cabeza de los montes" (Isaías 2:2). La iglesia es la "montaña principal", y tiene un papel importante en la coordinación y el empoderamiento de otros ministerios.

No estoy diciendo que la iglesia tiene que controlar cada ministerio que existe. Eso no es posible ni saludable. Simplemente estoy diciendo que la iglesia tiene un llamado único para cambiar el mundo, y si no somos intencionales respecto a la construcción de la iglesia, no veremos la plenitud de la presencia y el poder de Dios en la Tierra.

> La iglesia tiene un llamado único para cambiar el mundo.

La Casa que Dios está construyendo es hermosa, y merece una base fuerte y saludable. Un fundamento construido sobre los profetas, apóstoles y Jesús mismo. Un fundamento que encuentra fortaleza en la verdad, el amor y la fe. Pablo lo expresó de esta manera:

> Porque nosotros somos colaboradores en la labor de Dios, y ustedes son el campo de cultivo de Dios, el edificio de Dios. Conforme a la gracia de Dios que me fue dada, yo, como sabio arquitecto, puse el fundamento, y otro edifica sobre él. Pero

cada uno tenga cuidado cómo edifica encima. Pues nadie puede poner otro fundamento que el que ya está puesto, el cual es Jesucristo (1 Corintios 3:9-11).

Estoy convencido de que Cristo ha puesto el fundamento perfecto para Su iglesia, y Su iglesia cambiará el mundo. Nuestro trabajo, es construir sobre esa base. ¡Será una casa gloriosa!

CAPÍTULO CINCO

LOS MUROS

...en quien todo el edificio, bien ajustado, va creciendo para ser un templo santo en el Señor. En Cristo también ustedes son juntamente edificados para morada de Dios en el Espíritu.

—Efesios 2:21-22

PARA CONSTRUIR MUROS, SE NECESITAN MATERIALES. Ya sea que elija piedra, ladrillo o madera, debe comenzar con las materias primas.

El material utilizado para construir los muros en la Casa de Dios eres *tú*. "También ustedes, como piedras vivas, sean edificados como casa espiritual para un sacerdocio santo, para ofrecer sacrificios espirituales aceptables a Dios por medio de Jesucristo" (1 Pedro 2:5). ¡Tú y yo somos las piedras vivas!

Las personas son el recurso esencial en la Casa. Muchos parecen creer que el recurso esencial que tenemos disponible es el dinero, pero la verdad es que el recurso humano es el elemento más importante en la iglesia. ¡Trata de hacer crecer una iglesia sin gente! Es imposible. No importa cuánto dinero tengas o lo fantástico que sea tu edificio. Si careces de *la presencia de Dios* y de *las personas*, no tienes nada. La Biblia dice: "Porque donde están dos o tres reunidos en Mi nombre, allí estoy Yo en medio de ellos" (Mateo 18:20).

Comenzamos a construir con las personas que Dios envía a la Casa: las que Él agrega a la iglesia. La Escritura dice que el crecimiento viene cuando estamos "bien ajustados" o bien ligados (Efesios 4:16); en otras palabras, cuando estamos unidos. Otra forma de decir esto es "organizado en una forma compacta". Cuando estamos unidos o cerca unos de otros, formamos los muros de Su iglesia. El templo no crecerá sin ti y sin tu hermano o hermana. No estamos solos en esto. El poeta inglés John Donne escribió la frase: "Ningún hombre es una isla", y tenía razón. El Señor nos diseñó para estar conectados. Somos parte de una gran Casa que Cristo está construyendo, y somos la materia prima.

Uno de los primeros ejemplos en las Escrituras de un grupo de personas que estaban estrechamente conectadas es la historia del arca de Noé. Durante más de un año, Dios encerró a Noé y su familia dentro de un barco gigante con especímenes de muestra de todos los animales del mundo. "Los que entraron, macho y hembra de toda carne, entraron como Dios se lo había mandado. Después el Señor cerró la puerta detrás de Noé" (Génesis 7:16).

Si crees que es difícil estar cerca de algunos cristianos, imagina cómo se sentía la familia de Noé. El ruido de los gritos, los arrullos, los mugidos, los maullidos, los resoplidos, los gruñidos, los ladridos y los rugidos habría sido un ruido sin fin. Agregue a eso los olores, el mareo y tantas otras cosas insoportables. Estoy seguro de que al final, algunos de ellos estaban buscando un barco diferente.

Mi punto no es que estar cerca sea miserable. No lo es. ¡Es un salvavidas! Claro, hay algunos momentos incómodos. Sí, es posible que deban darse un poco de espacio el uno al otro a veces. Pero al fin de cuenta, la cercanía y la unión de una comunidad son lo que la mantiene segura cuando llegan las lluvias y las inundaciones.

El problema con las piedras vivas

Parte del concepto de "discipulado" es este proceso de organizarse de manera compacta o bien coordinada dentro del cuerpo de Cristo. Como ladrillos colocados uno encima del otro y cementados juntos, formamos las paredes, convirtiéndonos así en un contenedor para Su presencia. Dios siempre nos acerca a nuestros hermanos y hermanas porque son las piedras que Dios usa para construir la Casa.

El problema con este sistema, por supuesto, es que somos piedras vivas. El material que compone las paredes está vivo, y esto significa que se puede huir. Estoy bromeando (en gran parte), pero sucede. Durante la construcción de la casa, hay temporadas en que el proceso puede ser doloroso, es cuando el material se corta y se coloca en su lugar.

Imagina a Cristo edificando Su iglesia. Él sale por la mañana, vestido en Su ropa de trabajo, usando Su cinturón de herramientas lleno de todas las que necesita para Su trabajo. Él ha completado el fundamento perfecto, y tiene un montón de piedras vivas listas.

Jesús procede a recoger una piedra viva llamada _____ (ponga su nombre aquí). Jesús examina la piedra en Su mano. Tal como está, no encajará del todo. Pero, como maestro de obras y arquitecto maestro, Él sabe dónde colocar la piedra y cómo cortarla para que pueda encajar en su lugar en la pared.

Ahora imagina que cuando Cristo levanta Su martillo para cortar la piedra, la piedra grita: "¡NO!" Y debido a que es una piedra viva, salta de la mano del maestro constructor y comienza a correr y huye por su vida. Jesús tiene que perseguir la piedra y convencerla de que tome su lugar de acuerdo con Su plan maestro.

> Todos se benefician del crecimiento que ocurre cuando aprendemos a trabajar juntos.

Esa imagen mental es chistosa, pero es demasiado real. Ser parte de una comunidad o familia siempre requerirá tomar y dar un poco, por parte de todos. Eso es normal, saludable y bueno. Sería poco realista pensar que encontrar su lugar en la Casa será un proceso fácil y sin dolor. Tendrás que crecer y cambiar en tu carácter, al igual que los que te rodean. En última instancia, todos se benefician del crecimiento que ocurre cuando aprendemos a trabajar juntos.

Sin embargo, cuando comienzas a sentir la incomodidad de ser colocado en las paredes de Su Casa viviente, puede parecer demasiado difícil. Podría sentirse más fácil darse por vencido. Podrías ser tentado a decir: "Siento que Dios me está llamando a cambiar iglesias". He escuchado todas las excusas posibles cuando Dios comienza a requerir el compromiso de Su pueblo. La peor razón es la que afirma que Dios los está llamando a huir. Cristo no te llamará a huir de tu lugar en la Casa.

Ahora, como mencioné en el primer capítulo, hay casos en los que ocurre un abuso genuino. No estoy diciendo que debas permanecer en un lugar donde estás en peligro real. Sin embargo, en mi experiencia, muchas personas abandonan su iglesia no porque estén siendo abusadas, sino porque están siendo desafiadas a crecer, a cambiar, a perdonar, a amar, a dar, a ser humildes o simplemente a llevarse bien con otras personas. En otras palabras, se van porque eso parece más fácil que tratar con su hermano o hermana en amor y sabiduría.

Eso es un problema. El propósito de Dios se está llevando a cabo en y a través de Su Casa, y si te estás preguntando qué herramientas usa Él para cortar y formar Sus piedras, son tus hermanos y hermanas en Cristo. "El hierro con hierro se afila, y un hombre aguza a otro" (Proverbios 27:17).

Nuestros hermanos y hermanas son instrumentos de Dios. Tengo un hermano llamado "Serrucho", una hermana llamada "Lija" y otro hermano llamado "Martillo". ¡Probablemente tú también los tienes! Siempre están ahí, listos para ir a trabajar en los puntos difíciles de mi personaje. Cuando Jesús te moldee, corte y pula, usando a otras personas, ¿cómo responderás? ¿Huirás u ocuparás tu lugar en la Casa?

Habla la Verdad

Sofía, una chica con la que fui a la escuela de entrenamiento misionero, era una pesadilla.

Crecí con tres hermanas mayores, ¡pero Sofía era peor que cualquiera de ellas! Soy el bebé de la familia, y siempre disfruto haciendo reír a la gente. Pero cada vez que bromeaba, Sofía nunca se reía. Ella solo me miraba con desdén. Todo lo que recibí de ella fue disgusto.

Un día, inocentemente fui al baño, y cuando salí, ella dijo: "¡Que asqueroso! Pudimos oír cómo orinabas. ¿No sabes que debes abrir la llave para que no te escuchemos?" No podía creerlo. Solamente hice pipí. ¡Incluso me lavé las manos! Me impactó tanto que desarrollé una fobia a hacer ruido en el baño.

Mi única esperanza era que el año escolar terminara pronto, y ya no tendría que estar cerca de ella. Un tiempo después, hablé con el director de la escuela sobre ser parte de un pequeño equipo que había planeado para el año siguiente. "¡Eso es genial!", me dijo. "Sofía también estará en el equipo, y pueden trabajar juntos".

Casi tuve un ataque del corazón. Le dije al director: "Lo siento, pero no puedo soportar otro año con ella. No puedo estar en el equipo. ¿Qué más puedo hacer?"

El director estaba triste por mi actitud hacia ella, y él respondió: "La honestidad es la mejor política. Necesitas hablar con ella y ser honesto".

La idea de hablar con ella me llenó de pavor, pero no tenía otra opción. Temblando, fui a hablar con ella. ¡No podía creer que me tuviera tan traumatizado! Le pregunté qué estaba haciendo que la irritara. Le dije que me sentía terrible y le pregunté qué podía hacer para cambiar la situación para que pudiéramos trabajar juntos en paz.

> Que estemos unidos es la oración y el gran deseo de Cristo.

Inclinándose hacia mí, dijo: "Lo estoy haciendo de nuevo. Cada vez que me gusta un chico, lo trato como mi mamá trató a mi papá".

Ella se disculpó y terminamos convirtiéndonos en buenos amigos. Antes de esa conversación, no podía entender por qué no le caía bien cuando, en realidad, era todo lo contrario: yo le gustaba. Pero el dolor de su pasado estaba afectando sus acciones hacia mí. En lugar de confiar y ver por lo mejor, juzgué sus motivos.

Cuando hay conflicto, nuestra primera

tendencia es correr. No nos gustan los conflictos. Creemos cualquier mentira del diablo, y aceptamos sus excusas para no estar en unidad con nuestros hermanos y hermanas. Cuando nos negamos a relacionarnos unos con otros, no estamos construyendo la Casa. En cambio, estamos obstaculizando la obra de Cristo. Él quiere una iglesia, y la hacemos crecer cuando nos amamos unos a otros. Que estemos unidos es la oración y el gran deseo de Cristo.

El director de la escuela tenía razón: la mejor respuesta al conflicto es la honestidad, es decir la verdad en el amor. La Biblia nos anima a vivir "... soportándose unos a otros en amor, esforzándose por preservar la unidad del Espíritu en el vínculo de la paz" (Efesios 4:2-3).

Amar a los que puedes ver

Es fácil hablar de la unidad cuando no hay un compromiso. Podemos hablar en términos elevados sobre la unidad de la iglesia en todo el mundo, por ejemplo, o sobre nuestra unidad con otras iglesias en nuestra ciudad. Pero eso puede ser pura fantasía. La unidad con personas que ni siquiera conocemos es como amar una fotografía. Para estar verdaderamente unidos con la gente, debemos estar en la Casa con ellos. Debemos ser piedras vivas, hombro con hombro, formando los muros de la Casa.

Es por eso que la iglesia local existe. Todo el mundo habla de la iglesia universal, pero hay demasiados que odian a la iglesia local. Si no puedes amar a la gente de tu iglesia local, ¿cómo puedes decir que amas a la iglesia universal?

En Apocalipsis, capítulos dos y tres, hay mensajes para "las iglesias". Estos fueron dirigidos a congregaciones locales específicas. Dios veía estas iglesias, conocía su condición, las amaba y tenía un plan para ellas. En otras palabras, Él no sólo está preocupado por la iglesia universal o los creyentes individuales, sino también por comunidades e iglesias locales.

Ser parte de la iglesia universal sin pertenecer a una iglesia local no es posible. No puedes someterte al Rey del ejército de Dios sin someterte a los sargentos y capitanes que

Él ha enviado. No puedes amar a Dios, a quien no has visto, y odiar o ignorar a tu hermano.

Por cierto, no todos los que se presentan al servicio dominical son parte de la Casa que se está construyendo. Este proceso de construcción es más que asistencia, y es más que solo dar una ofrenda o cantar en el coro. Las piedras vivas que se unen para edificar una Casa, son aquellos que son verdaderos discípulos de Cristo. Se han unido para lograr el propósito de Cristo, y se aman unos a otros con amor fraternal.

Dios está construyendo Su templo. Él está puliendo piedras y encajándolas, siguiendo Su plan perfecto, Su plan maestro. Cada hermano y hermana que se compromete a pertenecer a una iglesia local forma parte de los muros. El proceso no siempre es fácil, pero la fuerza que produce es impresionante e incomparable.

CAPÍTULO SEIS

LA COBERTURA

El que habita al amparo del Altísimo morará a la sombra del Omnipotente.

—Salmo 91:1

El agua estaba en todas partes, fluyendo a través del edificio de nuestra iglesia en La Fuente Tepic. Teníamos un río en nuestra iglesia, ¡pero no era el río de la presencia de Dios! Era agua de lluvia que venía del cuarto al fondo del auditorio.

Finalmente, encontramos el problema: una botella de Coca-Cola había entrado de alguna manera en la tubería del desagüe desde el techo y la había tapado, causando que el agua de lluvia se filtrara en nuestro edificio. Esa tampoco fue la única vez que esto sucedió. El edificio tenía una gran base y paredes gruesas y altas, pero el problema era el techo de metal. Cuando las canaletas se tapaban con escombros, el agua terminaba corriendo en la iglesia.

Ese evento me recuerda lo vital que es tener una cobertura saludable. Necesitamos protección contra lo que pueda caer sobre nosotros. Jesús es la cubierta de la Casa. Él es la Cabeza de la iglesia. "Él es también la cabeza del cuerpo que es la iglesia..." (Colosenses 1:18). Jesús nos guía, nos cubre y nos protege de todo lo que el enemigo quiere arrojarnos. Nunca querremos salir de debajo de Su cobertura.

Dios es nuestra cobertura

"Entonces, ¿quién es tu cobertura? ¿A quién estás sometido?" Cuando la gente me hace estas preguntas, me estremezco un poco. Quiero preguntarle a la persona: "Bueno, ¿quién es tu cobertura?" Estoy tentado de decir que mi cobertura es el Papa o el arzobispo de Canterbury. (Aunque, ¿quién cubre al Papa?).

Entiendo la importancia de no ser Llaneros Solitarios, vivir imprudentemente y sin ningún tipo de responsabilidad mutua. Sin embargo, Jesús es nuestra cobertura, no otra persona u organización. Un ser humano nunca debe tomar el lugar de Jesucristo en nuestras vidas.

Nos sometemos unos a otros en amor, pero estamos bajo la cobertura de nuestro Señor.

Lo que he visto es que la gente a menudo busca a alguien que les diga qué hacer, y a alguien a quien culpar cuando las cosas no salen como quieren. Renuncian a su responsabilidad personal de tomar decisiones sabias y, en cambio, esperan que otro ser humano sea el Espíritu Santo para ellos. De esa manera, cuando las cosas van mal, no tienen que culparse a sí mismos. Sus líderes se convierten en el blanco de su rabia y frustración, chivos expiatorios a los que culpar por cualquier fracaso.

¿Qué hay en los humanos que exige una cubierta visible, una especie de rey? Constantemente queremos ser guiados por alguien que podamos ver en lugar de confiar en la Cabeza del Cuerpo.

> Nadie los defraude de su premio deleitándose en la humillación de sí mismo y en la adoración de los ángeles, basándose en las visiones que ha visto, envanecido sin causa por su mente carnal, pero no asiéndose a la Cabeza, de la cual todo el cuerpo, nutrido

y unido por las coyunturas y ligamentos, crece con un crecimiento que es de Dios (Colosenses 2:18-19).

Israel exigió un rey terrenal, rechazando así a su verdadero Rey. Y el Señor dijo a Samuel: "Escucha la voz del pueblo en cuanto a todo lo que te digan, pues no te han desechado a ti, sino que Me han desechado a Mí para que Yo no sea rey sobre ellos" (1 Samuel 8:7). Israel quería ser como las otras naciones. El Señor les advirtió que su rey se llevaría a sus hijos e hijas, lo mejor de sus campos, viñedos y olivares, y una décima parte de todo el grano, ovejas y siervos. Al igual que Israel, cuando los humanos son la cubierta, clamamos por la liberación de su control y dominación. Samuel les advirtió: "Ese día clamarán por causa de su rey a quien escogieron para ustedes..." (1 Samuel 8:18).

> Como humanos, tenemos una presdisposición de buscar un intermediario entre Dios y nosotros.

Como humanos, tenemos una predisposición de buscar un intermediario entre Dios y nosotros. A menudo somos demasiado temerosos y avergonzados para ir directamente a Dios. Cuando Dios bajó al Monte Sinaí, el pueblo le pidió a Moisés que subiera, y se quedaron parados a cierta distancia. "Entonces dijeron a Moisés: Habla tú con nosotros y escucharemos, pero que no hable Dios con nosotros, no sea que muramos" (Éxodo 20:19).

De la misma manera, a menudo creamos una separación entre el clero y los laicos. Trazamos una línea entre lo sagrado y lo secular, dividiendo a los sacerdotes del pueblo. Sin embargo, eso es un error. El Señor quiere caminar con nosotros, hablar con nosotros, conocernos, no solo escuchar a nuestros santos designados. No podemos delegar nuestra relación con Jesús a unos pocos elegidos que se acercan mientras el resto de la gente tiembla a distancia. Todos nosotros somos una raza escogida, un sacerdocio real, una nación santa, Su pueblo especial. Somos Su herencia. Él nos ganó en la cruz y es el único digno de cubrirnos.

Muchos pastores y líderes caen en una trampa, tratando de tomar el lugar que sólo Cristo puede tener. Después de tantas luchas con personas que se rebelan y nos traicionan, podemos desarrollar un complejo de Mesías. Odiamos el concepto de controlar a los demás, pero nos resulta difícil evitar tomar el lugar que solo Jesús es digno de ocupar.

Una estructura espiritual que se basa en órdenes directas y confrontaciones rara vez produce relaciones saludables. Si una persona es tu profeta y recibes la palabra de Dios exclusivamente de ella, no eres diferente de Israel enviando a Moisés para hablar con Dios en tu nombre. ¿Qué sucede cuando el líder se equivoca? Sabemos que ningún ser humano es infalible, y tarde o temprano, esa persona te fallará. Serás destrozado y desilusionado por su fracaso.

> Él está edificando Su iglesia, y Él protege lo que Él está construyendo.

Amamos a las personas, sí, pero en última instancia, ponemos nuestra confianza en el

Señor, no en los demás. Como David escribió: "Danos ayuda contra el adversario, pues vano es el auxilio del hombre" (Salmo 108:12).

¿Qué tiene que ver esto con la Casa? Si estás en la Casa, estás bajo la sombra del Altísimo. Y si estás construyendo la Casa, estás construyendo bajo la protección de Dios mismo. Él está edificando Su iglesia, y Él protege lo que Él está construyendo.

Eso significa que la comunidad de la iglesia nos da "cobertura", en cierto sentido, pero no porque necesitemos a otro humano para mediar entre Dios y nosotros. Más bien, la cobertura es el resultado de la gloria y el poder de Dios cuidando de Su pueblo y de la obra que Él está haciendo en la tierra.

Estamos para servir

Tenemos que considerar la cobertura de una manera diferente. En el reino de Dios, las cosas están al revés. Liderazgo significa servicio. Si proporciono liderazgo (que es lo que siempre queremos decir con "dar cobertura"), debo hacerlo como siervo, defendiendo y edificando a la iglesia. Todo lo que digo y hago debe ser para el beneficio de la gente y la iglesia, no por interés propio. Yo proveo, protejo y guío, pero no domino sobre aquellos a quienes sirvo.

Del mismo modo, la cobertura de Dios para nosotros no se trata de tiranía, sino de bendición. Hay provisión, protección y dirección bajo la cobertura del Padre. "Como pastor apacentará Su rebaño, en Su brazo recogerá los corderos, y en Su seno los llevará; Guiará con cuidado a las recién paridas" (Isaías 40:11). Dios nos respalda. Él nos cubre como el techo de una gran casa, protegiéndonos de los elementos y peligros del exterior.

> Del mismo modo, la cobertura de Dios para nosotros no se trata de tiranía, sino de bendición.

He visto la protección de Dios en nuestras vidas muchas veces a lo largo de los años a medida que hemos construido Su Casa.

Recuerdo una vez a principios de los años noventa, después de un duro día de viaje y un largo y caluroso servicio en San Ignacio, un pequeño pueblo donde estábamos plantando una iglesia, una niña se me acercó. "Por favor, ven y ora por mi padre", suplicó. "Creemos que morirá".

La seguí por un sendero oscuro y lodoso hasta una casa iluminada por sólo un foquito, con cerdos y perros y varios niños asustados esperándome al frente. Era espantoso, por decir lo menos. El hombre estaba acostado en una cama, cubierto de sudor, con grandes ronchas rojas por todo el cuerpo. Cuando puse mis manos sobre él para orar, retrocedí. Estaba ardiendo de fiebre. Al instante entendí por qué decían que se estaba muriendo. Oré por él. Luego me fui, diciéndoles que volvería y lo vería por la mañana.

Por la mañana, el lugar no parecía espantoso en absoluto. Era una casa pequeña y encantadora llena de niños mexicanos dulces y sonrientes. Todavía preocupado por el hombre, pedí orar por él de nuevo. "Oh, él no está aquí", me informaron.

"Pensé que se estaba muriendo anoche. ¿A dónde fue?", pregunté.

Me dijeron que se sentía bien cuando se despertó, así que se fue a trabajar.

"Sabes que Jesucristo lo sanó, ¿verdad?" Le dije: "¿Dónde trabaja?"

"Es un teniente de policía y está en la estación en este momento", me contestaron.

Como no estaba lejos, fui directamente a la estación y lo encontré. Estaba en perfecto estado de salud y salía a patrullar. Le pregunté: "Sabes que Dios te sanó anoche, ¿verdad?" Él sabía que el Señor lo sanaba, así que le pedí que viniera a la iglesia y diera su vida a Jesús. Prometió venir, pero nunca apareció.

Meses más tarde, estábamos conduciendo por una carretera de montaña oscura, con muchas curvas y de dos carriles después de una noche de servicios. Noté una pequeña luz de una linterna que me dirigía a detenerme. En ese momento, era un área sin ley conocida por la actividad de los cárteles de la droga, y era común que la policía, o los criminales, detuvieran a las personas.

Cuando me detuve, vi que era la policía.

Para mi sorpresa, los vi arrastrar a una pareja de los arbustos al costado de la carretera y moverlos bruscamente a su automóvil. El hombre estaba en estado de shock, y la ropa de la mujer estaba rasgada y cubierta de barro. No sabía lo que estaba pasando o lo que estaban haciendo con esa pareja, pero me di cuenta de que estábamos en problemas serios. Mi esposa, mi bebé, otras dos muchachas y un par de hombres jóvenes estaban en el camión conmigo.

> Si se nos ha dado autoridad, es para que podamos proteger y cuidar a aquellos bajo nuestra influencia.

Dos de los policías nos ordenaron que saliéramos del vehículo para hacernos quién sabe qué. Justo antes de salir, el teniente de policía que había sido sanado llegó de la vuelta de la esquina. Nos vio y dijo: "Son esos aleluyas". Ese es un nombre común y despectivo para los cristianos. "Déjalos en paz. Que se vayan". Era el tipo a cargo de la banda de policías que detenía a la gente.

Asombrados, rápidamente nos dirigimos a casa para ponernos a salvo y descansar. Esa no fue la última vez que el mismo teniente vendría a nuestro rescate en circunstancias similares. El Señor lo sanó para proteger a Sus hijos mientras trabajábamos para establecer Su Casa.

¿Quién te respalda?

El liderazgo no solo tiene que ver con el servicio, sino también con la protección. La idea de "cobertura" que ve el liderazgo como una forma de señorear o dominar a alguien es completamente errónea. Si se nos ha dado autoridad, es para que podamos proteger y cuidar a aquellos bajo nuestra influencia. Eso es lo que Dios hace por nosotros, después de todo.

¿Recuerdas la escena en la película de 1992 El Guardaespaldas (The Bodyguard) cuando Kevin Costner vuela por el aire y recibe una bala para proteger a Whitney Houston? Esa es una buena manera de describir nuestro papel como pastores y como amigos. Un guardaespaldas cubre a su cliente como un escudo. Está dispuesto a recibir una bala por él. "Nadie tiene un amor mayor que éste: que uno dé su vida por sus amigos" (Juan 15:13).

Vemos el concepto de un guardaespaldas varias veces en el Antiguo Testamento. A menudo, a esta persona se le llamaba un paje de armas. Su trabajo era asegurarse de que el guerrero tuviera todas las armas que necesitaban, cuando las necesitaban. Era para proteger sus espaldas y protegerlos de peligros invisibles. También se suponía que los pajes de armas debían asegurarse de que el enemigo caído estuviera muerto. Sin embargo, el campeón iba a obtener el crédito por la muerte. Necesitamos esta actitud hacia los demás (sin el recuento de cuerpos, por supuesto). Estamos aquí para protegernos unos a otros, servirnos unos a otros y equiparnos unos a otros, y no nos importa quién reciba el crédito.

En Efesios, Pablo escribe acerca de la armadura del cristiano. Sin embargo, si lees la lista de armaduras cuidadosamente, notarás algo: no hay nada que proteja nuestras espaldas. ¿Por qué? Primero, porque nunca debemos huir en la batalla. En la guerra, un viejo dicho dice: "Si me tambaleo, empújame. Si me caigo, recógeme. Y si corro, dispárame". La segunda razón por la que no hay armadura trasera es que nos tenemos las espaldas el uno al otro. Yo soy tu guardaespaldas, y tú eres el mío. Y la tercera razón, y la principal, es que Dios mismo nos respalda. Él es nuestra cobertura y protección.

Como dije antes, la cobertura principal que necesitamos no es otro humano: es Dios mismo. Él es nuestro escudo, nuestro guardaespaldas, nuestro defensor. El profeta Isaías escribió: "Entonces tu luz despuntará como la aurora, y tu recuperación brotará con rapidez. Delante de ti irá tu justicia; Y la gloria del Señor será tu retaguardia" (Isaías 58:8).

Aunque, como hemos visto, la protección de Dios se encuentra de una manera especial dentro de la Casa. Dios edifica, cubre y protege Su iglesia. A medida que nos alineamos con lo que Él está haciendo, y a medida que permanecemos en relación con nuestros hermanos y hermanas en la Casa, experimentamos Su protección. Nos cuidamos unos a otros, nos animamos unos a otros y nos empoderamos unos a otros. La Casa de Dios es un lugar seguro.

CAPÍTULO SIETE

LLENAR LA CASA

Con sabiduría se edifica una casa, y con prudencia se afianza; Con conocimiento se llenan las cámaras de todo bien preciado y deseable.
—Proverbios 24:3-4

"ESTAMOS BUSCANDO A UN PASTOR QUE VIVE CERCA de aquí. ¿Sabes dónde podemos encontrar una iglesia cristiana?".

Era el año 2000, y un amigo misionero y yo estábamos haciendo la misma pregunta en cada casa de la zona, tratando de encontrar a un pastor que habíamos escuchado que vivía en ese pequeño pueblo en el estado de Nayarit. Queríamos presentarnos a él, animarlo y ver si necesitaba algo.

Dos señoras serviciales nos informaron: "Sí, conocemos al pastor. Ese pobre hombre vive en una casa abandonada, pero tiene tuberculosis".

Cuando finalmente lo encontramos, era tan malo como nos habían dicho. Vivía en una casa de cartón y estaba muy enfermo. No tenía dinero para cuidarse a sí mismo, y nadie en su iglesia podía ayudarlo. Por supuesto, lo ayudamos, pero cuando nos fuimos llevábamos una carga pesada.

Tuvimos una experiencia similar en un pueblo del estado de Sinaloa. Encontramos a un hombre viviendo con sus diez hijos en una casa de cartón al lado de la iglesia que pastoreaba. Todos los días lidiaban con pisos de tierra, escorpiones y enfermedades. Una zanja del drenaje que fluía con aguas negras estaba abierta en el patio trasero, y la iglesia se olía todo el tiempo.

Tal negligencia muestra cuán poco valor se le da a la Casa a veces. Hay muchos lugares donde la Casa no se ve muy hermosa, y no se compara con la iglesia en la Biblia. No se parece en nada a la gloriosa novia mencionada en Efesios: "... una iglesia en toda su gloria, sin que tenga mancha ni arruga ni cosa semejante, sino que fuera santa e inmaculada" (Efesios 5:27).

Una casa gloriosa

Para ser claros, sé que algunos hermanos y hermanas simplemente no tienen suficiente para su llamado, y nunca criticaría a alguien por ser pobre o estar enfermo. Todos sufrimos a veces, y sabemos que "muchas son las aflicciones de los justos", como nos recuerda la Biblia. También vale la pena señalar que la iglesia primitiva sufrió mucho, y florecieron en esos tiempos de aflicción.

Mi punto aquí no es que la iglesia deba ser rica o nunca sufrir necesidad, ni estoy hablando de casos en los que la falta financiera o la enfermedad han creado dificultades temporales. Más bien, los problemas surgen cuando las personas simplemente no valoran a la iglesia, o no ven a la iglesia como hermosa, o creen que la iglesia es de alguna manera más espiritual o santa cuando está sufriendo.

La verdad es que eso no suena como una novia gloriosa para mí. La iglesia primitiva sufrió, pero no se convirtieron en víctimas de sus circunstancias. Creían que Dios podía hacer que la iglesia fuera gloriosa en cualquier circunstancia.

Imagina la fiesta de bodas del Cordero. Jesucristo, el novio, está listo. Todos los ángeles están presentes. Escuchamos comenzar la marcha nupcial, y en los paseos la gloriosa novia, vestida de lino fino, puro y resplandeciente.

Sin embargo, mientras observas, notas que la novia tiene una gran mancha en su vestido: aparentemente, se derramó media taza de café sobre sí misma justo antes de la ceremonia. Su cabello parece que acaba de salir de la cama. Solo lleva un zapato porque no pudo encontrar el otro, por lo que cojea y anda chueco por el pasillo. Su vestido debe haberse enganchado en algo porque tiene un rasgón gigante en el dobladillo y... espera, ¿qué es eso?... ¿Un pedazo de papel higiénico arrastrándose detrás de ella?

Qué pesadilla, ¿verdad? La novia de Cristo debe ser gloriosa. Pero si no nos importa lo suficiente como para embellecer la Casa, Su novia será decadente. La Casa de Dios debe tener todo lo necesario para cumplir Su voluntad.

No sé quién decidió que la iglesia debería ser pobre y miserable. El dinero no es la raíz de todos los males. Según 1 Timoteo 6:10, el *amor* al dinero es el problema. En otras palabras, el problema es la codicia. En la iglesia, se

> Se supone que debemos amar a las personas y usar el dinero, no amar el dinero y usar a las personas.

supone que debemos amar a las personas y usar el dinero, no amar el dinero y usar a las personas. La pobreza no es un valor de la iglesia. Uno de los llamamientos de la iglesia es ayudar a los pobres, lo que significa que debe haber fondos suficientes para ayudar verdaderamente. Con sabiduría, llenaremos la Casa de cosas buenas.

Por "cosas buenas", no me refiero a desperdiciar dinero en muebles ornamentados y lujosos. Tampoco me refiero a llenar los bolsillos de los pastores con riquezas mientras la congregación sufre. Me refiero a llenar la Casa con lo necesario para que funcione a plena capacidad. Así como una casa necesita muebles, platos, electricidad, agua y más para ser útil, la Casa de Dios necesita cosas prácticas y tangibles para llevar a cabo su propósito.

Eso incluye el dinero, pero va mucho más allá del dinero. Significa tener las personas adecuadas, el equipo adecuado, el edificio correcto, las estrategias correctas, los talentos correctos, los ministerios correctos, las decisiones correctas, la estructura financiera correcta y más. Por encima de todo, significa llenarla con la Presencia del Señor. Para que la Casa sea eficaz, debemos tomarnos en serio nuestra función de "llenarla" con todo lo que se necesita.

El plan de Dios para la abundancia

Al llenar y embellecer la Casa, debemos tener en cuenta que el diseño de Dios para la abundancia se basa en la generosidad de las personas en la iglesia. Es el principio del diezmo. Esto estaba claro incluso en el Antiguo Testamento, bajo la Ley: "Traigan todo el diezmo al alfolí, para que haya alimento en Mi casa" (Malaquías 3:10). En el Nuevo Testamento, hay muchas exhortaciones a ser generosos, a dar proporcionalmente a nuestros ingresos y a dar regularmente. Una iglesia que está satisfecha con tener muy poco generalmente refleja la mentalidad de pobreza de los miembros y los pastores, no el estado económico de la congregación o la ciudad.

Recuerdo a un pastor en nuestra ciudad que siempre parecía estar de mal humor. Se quejaba sin parar de sus problemas de dinero. "No tengo dinero para hacer nada", decía. Se quejó de las personas tacañas en la iglesia y dijo que no podían pagar un sistema de sonido o una extensión de su edificio. Ni siquiera podían pagar la factura de electricidad. Una vez sugerí que contrataran a un pastor de jóvenes, y él respondió con tristeza: "¿Cómo podría siquiera contratar a un pastor de jóvenes?".

Sé que me veía como un signo de dólar vivo y que respiraba. Cada vez que hablábamos, esa actitud era evidente. Finalmente, le pregunté cómo manejaba las finanzas en su iglesia. Me dijo que la gente le diezmaba directamente, y ese era su salario. Cualquier gasto para proyectos de construcción u otras necesidades requería una ofrenda adicional porque el diezmo le pertenecía.

Ese es un gran problema. El diezmo pertenece a Dios, no al pastor. El diez por ciento de todo lo que ganamos debe regresar al Señor.

Ese es el sistema que Dios nos dejó para llenar la casa. Aquí está el pasaje completo de Malaquías 3:8-10.

"¿Robará el hombre a Dios? Pues ustedes Me están robando. Pero dicen: '¿En qué Te hemos robado?' En los diezmos y en las ofrendas. Con maldición están malditos, porque ustedes, la nación entera, Me están robando. Traigan todo el diezmo al alfolí, para que haya alimento en Mi casa; y pónganme ahora a prueba en esto;" dice el Señor de los ejércitos "si no les abro las ventanas de los cielos, y derramo para ustedes bendición hasta que sobreabunde.

El alfolí es el tesoro de la Casa. Todo el diezmo va a la posesión de la iglesia, y la iglesia lo distribuye de acuerdo con un presupuesto establecido por el liderazgo. Por supuesto, el pastor merece un salario; pero él no "posee" el diezmo.

Recuerdo cuando alguien donó un refrigerador, microondas y frigobar como ofrenda a la iglesia en Tepic. Un pastor sugirió que hiciéramos una rifa de los artículos, y de esa manera, podríamos ganar mucho dinero. Hicimos boletos y comenzamos a promocionar la rifa, pero es difícil vender cosas en la iglesia; simplemente no se sentía bien. Después de varias semanas solo habíamos vendido un boleto. Tuve que hablar con la persona que compró el boleto, devolver su dinero y disculparme.

Después de eso, cambié de opinión por completo acerca de vender cosas en la iglesia. Sé que algunas iglesias venden tamales, celebran ferias y más. No es mi lugar criticar, pero no creo que nada pueda reemplazar el sistema que Dios creó: la generosidad. "Den, y les será dado", dijo Jesús (Lucas 6:38). Cuando se maneja correctamente, podemos llenar la casa con muchas cosas.

Cómo llenar la casa

¿Qué podemos hacer para llenar la casa con recursos, gente y la presencia de Dios? Si bien hay muchas cosas que podrían mencionarse aquí, quiero destacar tres claves que nos han ayudado a llenar la Casa.

Lo primero y más importante son *el amor y la unidad*. La Casa se llenará de gente si hay amor. Piensa en lo poderoso que es el amor. Las salas de cine están llenas de parejas que ven cuentos de amor. Innumerables canciones ensalzan la alegría y la angustia del amor. Hay un sinfín de libros escritos sobre el amor. Los sitios web obtienen mucho dinero prometiendo ayudarlo a encontrar la pareja perfecta. Productos de todo tipo utilizan el amor en su publicidad.

¿Por qué? Porque el amor es atractivo y, sobre todo, las personas desean ser amadas. La atracción de una iglesia debe ser que se trata de un lugar donde encontramos el amor verdadero.

La unidad que llena la Casa debe ser la verdadera unidad. Como pastor y líder, la unidad comienza en mi hogar: con mi esposa, mis hijos y conmigo. Si no estoy en armonía con mi cónyuge, ¿cómo puedo administrar la Casa? La unidad también debe incluir a mi personal y equipo de voluntarios. Como pastor principal de La Fuente Ministerios, mi prioridad es proteger la unidad entre el equipo de pastores. Si no estamos de acuerdo, no podemos avanzar.

El desacuerdo no es algo que puedes simplemente ignorar o pasar de largo, sino que debes enfrentarlo; tomarlo en serio, escuchar y dialogar. Llegar a un acuerdo sobre temas difíciles no es fácil, pero el proceso en sí mismo crea un vínculo de relación y confianza. Luego avanzamos juntos, aprendiendo y escuchándonos unos a otros en el camino.

El objetivo de la unidad es sentir la misma cosa.

Hay seguridad y alegría al saber que estamos haciendo las cosas como uno solo.

El objetivo de la unidad es sentir la misma cosa. "Pero en aquello a que hemos llegado, sigamos una misma regla, sintamos una misma cosa" (Filipenses 3:16 RV60). Sentir la misma cosa significa saber lo que el otro está pensando y actuar juntos, con los mismos valores y metas. Al igual que un gran equipo deportivo o una unidad en el ejército, el objetivo es estar tan unidos que funcionemos como un solo cuerpo. Para lograr eso, debemos aprender a ponernos de acuerdo, caminar humildemente y someternos unos a otros con amor.

La segunda clave para llenar la Casa es la fe. Los pasos significativos de la fe conducen a una Casa llena. Recuerdo que no teníamos a nadie para tocar el bajo en adoración en los primeros días, pero fui a la tienda de todos modos y compré un bajo. Lo puse en el escenario por fe, y en dos semanas, tuvimos un bajista. Comenzamos a pagarle a un pastor de jóvenes cuando no teníamos suficiente dinero para ello, y el dinero entró.

No estoy promoviendo la irresponsabilidad, sino pasos de fe bien calculados. Si sabes a dónde te está guiando Dios, no esperes hasta que tu cuenta bancaria esté llena. Da el primer paso y confía en que Dios proveerá los recursos a medida que avanzas.

En 2 Reyes 3, leemos una historia sobre tres reyes que salieron al desierto para luchar contra Moab. Cuando se quedaron sin agua, el rey de Israel tuvo miedo, pero el rey de Judá tuvo la audacia de preguntar si había un profeta de Dios entre ellos. El profeta Elías fue convocado. Así es como los versículos 16-17 lo describen.

> Y él dijo: "Así dice el Señor: 'Hagan en este valle muchas zanjas'. Pues así dice el Señor: 'No verán viento, ni verán lluvias; sin embargo, ese valle se llenará de agua, y beberán ustedes y sus ganados y sus bestias'".

Ese día aprendieron una gran lección de fe: ¡cavar una zanja! Si no hay nada, prepárate para recibirlo de todos modos. Así es como las personas de fe dan pasos de fe. Como resultado, la Casa crece en fe.

Recuerdo que cuando tenía veintitrés años, tuve una pequeña crisis. En ese momento, dirigía la Escuela de Entrenamiento de Discipulado para JUCUM en Los Ángeles. Tenía demasiados líderes haciendo demandas que no podía cumplir. No importa cuánto trabajo hiciera, parecía que nunca podría adelantarme a todo. Me sentía agotado e incapaz. Pensé en las personas que habían vivido con gran responsabilidad, y me pregunté cómo era posible.

Un día, leí en los Salmos: "Si el Señor no edifica la casa, en vano trabajan los que la edifican; Si el Señor no guarda la ciudad, en vano vela la guardia" (Salmo 127:1). Recordé que no era mi casa; era la Casa de Dios. Es mi trabajo caminar en fe, y es Su trabajo llenar la Casa. Esa lección ha permanecido conmigo todos estos años.

> Debemos abrazar el cambio, no huir de él.

La tercera clave para llenar la casa es la afinación o detalles. Nunca nos graduamos, nunca llegamos y nunca nos conformamos. En cambio, nos preguntamos constantemente, ¿es claro el mensaje? ¿Las personas nuevas se sienten aceptadas? ¿Hemos desarrollado hábitos religiosos extraños?

La iglesia es un organismo vivo y en crecimiento. Eso significa que cambia todo el tiempo. Necesitamos un hábito de análisis constante y positivo de nuestras operaciones. Debemos abrazar el cambio, no huir de él. Esto incluye la oración y prestar atención a Dios, por supuesto. Pero también incluye el estudio, la investigación y la educación.

Incluye buscar ejemplos e ideas en otras iglesias y organizaciones. E incluye experimentar para ver qué funciona en nuestro entorno particular.

Para bien o para mal, tengo la costumbre de tratar de mejorar nuestras instalaciones. Recuerdo que cuando estábamos remodelando nuestro edificio en Tepic, había un pequeño balcón, básicamente inútil que me molestaba mucho. Cavamos y movimos tierra durante una semana para reconfigurar nuestro auditorio, y el proceso iba bien, pero ese pequeño balcón tonto siempre estaba allí, burlándose de mí.

Se convirtió en una venganza personal mía para eliminar la monstruosidad. Entonces, reuní a un ejército de voluntarios, y golpeamos con mazos e incluso un martillo neumático durante días, sin éxito. Esa cosa estaba hecha de barras de refuerzo pesadas y concreto. Creo que lo diseñaron para soportar un elefante.

Finalmente, me paré en el balcón. Mirando hacia abajo, pude ver la barra principal sosteniendo todo el asunto. Tuve una idea. *Simplemente cortaré esta barra, luego me moveré hacia un lado en el último segundo y la dejaré caer, pensé. ¿Qué podría salir mal?*

Entonces, como lo han hecho otros constructores distraídos y demasiado confiados, ¡usé una segueta para cortar la barra que me sostenía a mí y a las toneladas de cemento! Es una lástima que nadie estuviera filmando. Seguro que el video de mi "fracaso" se habría vuelto viral. Cuando el balcón se vino abajo, caí de espaldas cuatro metros hasta el suelo, y mi pie quedó atrapado en la estructura. Mi pie colgaba allí como un pez muerto. Me rompí todos los huesos y todos los tendones de mi tobillo.

Durante diez semanas, me mantuvieron unido con tornillos. Fue un alto precio a pagar por una ligera mejora, pero aprendí una gran lección sobre la seguridad en la construcción, y derroté al balcón. Hasta el día de hoy, no he dejado de ajustar las cosas. Simplemente soy más inteligente al hacerlo.

Puede costarnos mucho esfuerzo cambiar, pero sin cambio, moriremos. Las iglesias necesitan adoptar nuevas tecnologías y métodos todo el tiempo porque todo cambia rápidamente a medida que aumenta el conocimiento. Los cambios culturales que llegan rápidamente pueden fatigar a un líder de iglesia cerrado o perezoso.

He escuchado que algunos tiburones deben seguir nadando para respirar y mantenerse con vida. No sé mucho sobre los tiburones, pero sí sé que una iglesia que deja de avanzar dejará de respirar y eventualmente morirá.

Nunca podremos dejar de crecer y sumar a la Casa. "Nunca nos graduamos", "Los números cuentan", "Ladrillo por ladrillo" y "Hasta que se termine" son lemas que usamos para comunicar que nunca terminamos el trabajo de llenar la casa.

A través de la gracia, la diligencia y el entendimiento de Dios, colaboramos con Cristo, llenando la Casa con todo lo necesario para llevar a cabo el plan de Dios.

CAPÍTULO OCHO

ORDEN EN LA CASA

Pero que todo se haga decentemente y con orden.

—1 Corintios 14:40

Hace años, mientras servía junto a otros dos pastores en México, el pastor fundador tuvo una visión. En ella, estaba tratando de escalar una montaña, pero no pudo llegar a la cima hasta que otros dos se unieron con él. Entonces, juntos, llegaron a la cima. El pastor compartió la visión con el otro pastor y conmigo, y dijo que quería formar un equipo de liderazgo de tres pastores con iguales niveles de autoridad para escalar esa montaña simbólica. Siempre he creído en trabajar en equipo, y estaba totalmente de acuerdo con este plan.

Al principio, fue excepcionalmente bien. La iglesia principal se desarrolló rápidamente. Plantamos cinco iglesias al norte de la ciudad y abrimos treinta grupos pequeños en hogares. Llegamos a más de setecientas personas que asistían los domingos. Pero la confusión causada por la creación de un monstruo de tres cabezas causó problemas insuperables. Todos querían ser el director y líder, pero nadie quería servir. Si alguien le pedía algo a uno de los tres pastores y el pastor decía que no, simplemente le preguntaban al siguiente pastor hasta que obtuvieran permiso. La gente constantemente comparaba a los pastores y competía por su favor, y llenaba la casa de confusión y desorden. Intentamos solucionar el problema de la iglesia de tres cabezas, pero no pudimos. Todos tenían su pastor favorito, y se enojaron cuando tratamos de establecer el orden correcto.

La Casa no puede florecer si permitimos que la confusión y las peleas tengan lugar. "Porque Dios no es Dios de confusión, sino de paz, como en todas las iglesias de los santos" (1 Corintios 14:33). Si no nos ocupamos del desorden en la Casa, produciremos resultados negativos.

Para establecer el orden en la Casa, alguien tiene que liderar. Sabemos que, en el hogar, en los negocios, en la escuela y en la política, el liderazgo saludable es importante. ¿Por qué debería ser diferente en la iglesia?

En la iglesia, el liderazgo es un don espiritual. Pablo escribió: "El que exhorta, en la exhortación; el que da, con liberalidad; el que dirige, con diligencia" (Romanos 12:8). Eso significa que Dios mismo llama y equipa a los líderes dentro de Su iglesia. El liderazgo no es algo de lo que esconderse o avergonzarse, y definitivamente no es algo de lo que jactarse o abusar. Más bien, el liderazgo debe usarse sabia y humildemente, conscientes de que nuestros dones y llamados son de Dios.

Lidiar con el desorden

La iglesia a menudo tiene que lidiar con el caos y la confusión, pero este no es un problema nuevo. También había mucha confusión y desorden en la iglesia de Corinto. Pablo escribió 1 y 2 Corintios para poner la iglesia en orden. Al leer las cartas a los Corintios, veo tres cosas fuera de orden en su iglesia.

El primero y más obvio fue *el problema del pecado*. "En efecto, se oye que entre ustedes hay inmoralidad, y una inmoralidad tal como no existe ni siquiera entre los Gentiles, al extremo de que alguien tiene la mujer de su padre" (1 Corintios 5:1). En el debate sobre los nuevos conversos gentiles en Hechos 15, los apóstoles solo tenían unos pocos requisitos para los nuevos creyentes, y uno de ellos era abstenerse de la inmoralidad sexual. La inmoralidad ha destruido a tantos creyentes y líderes. No solo daña a los demás, sino que es un pecado contra tu propio cuerpo. "Huyan de la fornicación. Todos los demás pecados que un hombre comete están fuera del cuerpo, pero el fornicario peca contra su propio cuerpo" (1 Corintios 6:18).

He visto iglesias a ambos lados del péndulo, algunas liberales, otras extremadamente legalistas, y ambas tienen una cosa en común: el pecado. El problema no es que haya pecado en la Casa. "Hijitos míos, les escribo estas cosas para que no pequen. Y si alguien peca, tenemos Abogado para con el Padre, a Jesucristo el Justo" (1 Juan 2:1). El problema es cuando ocultamos nuestro pecado, lo ignoramos o negamos que esté allí. "Si confesamos nuestros pecados, Él es fiel y justo para perdonarnos" (1 Juan 1:9), pero "El que encubre sus pecados no prosperará" (Proverbios 28:13). Cuando leemos 2 Corintios, vemos que los corintios se arrepintieron y restauraron la iglesia. No podemos ignorar o tolerar el pecado.

El segundo problema en la iglesia de Corinto era *el desorden con respecto a los dones y la manifestación del Espíritu Santo.* Si todos hablan al mismo tiempo, se produce confusión. Y si todos hablan en lenguas, pero nadie interpreta, no hay una comunicación clara. Soy 100% evangélico, carismático y bautizado en el Espíritu Santo. Creo que los dones del Espíritu Santo están disponibles para nosotros ahora, no es que fueran solo algo de la historia de la iglesia cuyo tiempo ha pasado. Hablo en lenguas, profetizo, recibo y doy palabras de conocimiento y sabiduría, y estoy lleno del Espíritu Santo todos los días. A veces la gente piensa que soy un pentecostal loco, y en otras ocasiones la gente piensa que

> El corazón detrás de los dones de Dios siempre es servir.

estoy limitando o apagando el poder de Dios.

Algunos interpretan el orden que establecemos en la Casa como "apagar" o detener el flujo del Espíritu Santo. Sin embargo, hay una gran diferencia entre interponerse en el camino del Espíritu y crear un ambiente seguro para encontrarse con Dios. El orden en la Casa es lo que nos da la libertad de adorar, predicar, cuidar a los niños y más. No se trata de controlar la expresión de nadie, sino de servir a todos de una manera saludable.

Si alguien insiste en usar su don de una manera que interrumpa la obra del Espíritu o haga que las personas se sientan inseguras, no es un "regalo" en absoluto. Es una interrupción, una intrusión y una imposición. Algunas personas usan los dones del Espíritu para manipular y controlar la iglesia, y no podemos permitir el desorden en la Casa.

El corazón detrás de los dones de Dios siempre es servir. Eso significa que quien quiera usar sus dones debe hacerlo de una manera que realmente ayude a los demás.

El tercer problema en la iglesia de Corinto era *el sistema de gobierno o liderazgo*. Cada vez que hablamos de orden en la Casa, llegamos al tema del liderazgo.

Recuerdo la primera vez que visité Inglaterra, a principios de la década de 2000. Me habían dado una oportunidad increíble de asistir a una conferencia en una iglesia conocida, y un amigo mío incluso había pagado mi billete de avión. Cuando llegué, sin embargo, no había nadie que me recogiera. Eso fue extraño. Luego, durante la conferencia, parecía que nadie sabía qué hacer o cuándo hacerlo.

En la primera sesión, un psicólogo enseñó la "Danza de Sanación". La persona explicó que el cuerpo tiene recuerdos, como nuestro cerebro. Eso está bien, supuse, pero el siguiente paso fue "bailar nuestra sanación" con esta memoria muscular. Les dije que tenía dos pies izquierdos y prefería quedarme sentado. La segunda sesión fue el "Camino de Sanación", y también fue muy subjetiva y extraña.

La conferencia pasó por muchas sesiones como esta. Recuerdo la sensación de caos en cada sesión mientras escuchábamos ola tras ola de doctrinas raras, extremas y extrañas. La peor parte fue que el supuesto líder vio todo, pero simplemente se sentó allí y nunca dirigió. Quería gritarle: "¡Ey, haz algo! ¿No estás a cargo?"

Dios estableció líderes para la iglesia. "Y Él dio a algunos el ser apóstoles, a otros profetas, a otros evangelistas, a otros pastores y maestros" (Efesios 4:11). Los líderes pasivos y apáticos son un gran problema en la Casa. Alguien debe liderar si la estructura y el orden han de existir. Si los líderes no hacen su trabajo, se produce desorden en la Casa.

Protege tu corazón

Una razón por la que he encontrado que los líderes pierden su confianza y dejan de liderar es cuando están ocultando el pecado. Se sienten culpables o avergonzados, pero en lugar de solucionar el problema y tomar su lugar como líderes, permiten que el abuso y el pecado en todas partes no se controlen, produciendo desorden en la Casa.

Un claro ejemplo de esto en la Biblia fue Elí

y sus hijos. Elí era el sacerdote principal, y sus hijos eran los encargados de la Casa del Señor. Sin embargo, eran hombres viles que violaban a las mujeres y robaban los sacrificios que el pueblo traía para ofrecer al Señor. Elí los corrigió una vez, pero no los detuvo, por lo que Dios lo reprendió. "¿Por qué pisotean Mi sacrificio y Mi ofrenda que he ordenado en Mi morada, y honras a tus hijos más que a Mí, engordándose ustedes con lo mejor de cada ofrenda de Mi pueblo Israel?" (1 Samuel 2:29). Había desorden en la Casa, y el líder no ejercía su autoridad.

> Necesitamos líderes que guíen a la iglesia voluntariamente, desde el corazón; líderes siervos que imiten a Jesús.

No puedo decirles cuántas iglesias son destruidas porque la persona llamada a dirigir no ejerce su autoridad. Nunca debemos honrar a nuestros hijos naturales o espirituales más que al Señor. Gracias a un líder pasivo, Israel perdió la gloria del Señor. Es por eso que la nuera de Elí llamó a su hijo Icabod, que significa "sin gloria", y dijo: "¡Se ha ido la gloria de Israel!" (1 Samuel 4:21). La Casa merece tener pastores que den sus vidas por el rebaño. Necesitamos líderes que guíen a la iglesia voluntariamente, desde el corazón; líderes siervos que imiten a Jesús.

La Biblia da pautas y limitaciones claras para los pastores. "Por tanto, a los ancianos entre ustedes, exhorto yo, anciano como ellos y testigo de los padecimientos de Cristo, y también participante de la gloria que ha de ser revelada: pastoreen el rebaño de Dios entre ustedes, velando por él, no por obligación, sino voluntariamente, como quiere Dios; no por la avaricia del dinero (no por ganancias deshonestas), sino con sincero deseo; tampoco como teniendo señorío sobre los que les han sido confiados, sino demostrando ser ejemplos del rebaño" (1 Pedro 5:1-3).

Observe los límites de la autoridad pastoral en este pasaje. En primer lugar, *debemos proteger nuestros corazones*. No podemos permitir que el ministerio se convierta en una obligación o deber. Si permitimos que la gente nos presione y manipule, ponemos en peligro nuestra capacidad de servir desde el corazón. Sería demasiado fácil establecer estructuras que conviertan el servicio sincero en una obligación legalista.

Otro límite que tienen los pastores es *no hacer cosas para obtener ganancias deshonestas*. En otras palabras, el objetivo de nuestro servicio no debería ser ganar más dinero. Tenemos una pequeña rima sobre las áreas en las que los pastores tienden a fallar: "La lana, la dama y la fama". Eso no quiere decir que las finanzas, el sexo o la influencia sean el problema, el problema es que como líderes (tanto hombres como mujeres), permitimos con demasiada facilidad que las tentaciones de la carne nos lleven por mal camino.

La ganancia deshonesta ha derribado a muchos líderes de la iglesia. En el momento en que trato de venderte un producto u obtener algo de ti, he cruzado el límite hacia una ganancia deshonesta; destruyo mi afán de servir por mis motivos egoístas. Esa es una de las razones por las que no promuevo la política en la iglesia. Estoy aquí para pastorear el rebaño de Dios, no para ganar votos.

El tercer límite claro en 1 Pedro 5 es *no tener señorío sobre la iglesia*. En el gobierno de la iglesia, debemos asegurarnos de no convertirnos en capataces en lugar de líderes siervos. Uno de los peligros del liderazgo denominacional es que las organizaciones pueden tratar de controlar a sus congregantes desde lejos; basta con mandar a un pastor a un lugar diferente, degradar a quienes no les gustan y promover sólo a quienes sí les gustan, actuar como pequeños reyes en lugar de ser un ejemplo para el rebaño. No somos reyes que gritan desde la distancia, sino pastores que lideran desde el frente.

Gobierno de la iglesia

Como hemos visto, el orden en la iglesia comienza con el liderazgo. Hay muchos sistemas o formas de gobierno de la iglesia que se han creado para poner orden en la Casa. Si bien todos tienen su lado positivo, muchos también tienen lados negativos. Necesitamos ser conscientes de las limitaciones de nuestra estructura de gobierno de la iglesia y hacer todo lo posible para seguir el modelo del Nuevo Testamento.

Martín era un pastor en una denominación principal considerable, y con el tiempo, se elevó al nivel de obispo. Sin embargo, cada julio era una pesadilla para Martin. Fue entonces cuando se llevaría a cabo el congreso general de la denominación, y fue cuando a los pastores se les asignaron nuevas iglesias. Una y otra vez, después de que Martin y su familia se habían enamorado de una ciudad y de la gente de la iglesia local, los supervisores de la denominación decidían que era hora de que se mudaran a una nueva ubicación e iglesia. Martín tendría que regresar a casa e informar a su familia que un grupo de personas, que ni siquiera conocían, había decidido que debían dejar a sus amigos y familiares de la iglesia y mudarse a una nueva ciudad.

Era tan frustrante que Martín decidió independizarse. Después de coincidir y conocernos por unos cuantos años, Martín se unió a nosotros en La Fuente. Ahora pastorea la iglesia La Fuente en Mexicali, en la frontera con Estados Unidos. La denominación de la que formó parte está dirigida por un grupo de líderes, u obispos, que se reúnen cada año en una conferencia y toman decisiones para las iglesias locales. Esta forma de gobierno se llama *episcopal*.

Otra forma de gobierno se llama *congregacional*. Recuerdo haber esperado la decisión de una iglesia con este tipo de gobierno que estaba interesada en apoyar nuestro orfanato en Tepic. Mi esposa, Mary Jo, lleva la carga de recaudar fondos para nuestros dos hogares con treinta hijos. Necesitábamos la ayuda económica, y el pastor estaba de nuestro lado. Tenía un gran corazón para apoyar a los niños. Sin embargo, tuvieron que someter la decisión a votación en toda la iglesia. Finalmente, me dijo: "Bueno, estaba cerca. Había algunas personas no convencidas, pero al final, ganaste". Debe ser muy difícil estar en un sistema de gobierno que requiere votos de la congregación, pero eso es lo que hacen.

Jorge pastoreó una gran iglesia durante treinta años. Al ver la necesidad de más ayuda, contrató a un nuevo pastor con antecedentes legales. Poco después, viajó a varios países para predicar y enseñar. Al regresar a casa después de su largo viaje, Jorge fue a la iglesia y probó su llave en la cerradura, mas no funcionó. Las cerraduras habían sido cambiadas. El nuevo pastor acusó a Jorge de malversar fondos y convenció a la mesa directiva de la iglesia para que lo excluyera.

Después de dos largos años de batallas legales, Jorge perdió todos sus ahorros para la jubilación, la iglesia y su reputación. La iglesia se redujo al diez por ciento de su tamaño original, y la gente estaba dispersa por todas partes. Qué ejemplo tan extremo de una iglesia impulsada por una mesa directiva. En esta forma de liderazgo, personas de todos los ámbitos de la vida convocan reuniones de la mesa donde toman decisiones significativas para la iglesia. Siempre imaginaba a José el plomero yendo a una junta de la mesa directiva de cada viernes después de una larga semana de trabajo. ¿Deberíamos añadir un servicio? ¿Deberíamos comprar un autobús nuevo? Independientemente de lo que el pastor le pregunte, José responde que *no*, porque es más fácil decir *no* que asumir la responsabilidad del *sí*. Yo lo llamo *el ministerio del no*. Muchas iglesias que conozco usan esta forma de gobierno, que se llama *presbiteriana*.

Poner orden en la Casa no es demasiado complicado. Podemos simplificar las cosas colocando las relaciones por encima de nuestros métodos y reglas. Nunca debería tomar decisiones por personas que ni siquiera conozco. Si somos tan grandes que no podemos desarrollar relaciones auténticas desde el corazón, necesitamos poner la Casa en orden y poner a las personas por encima de los proyectos. Si alguien no conoce ni ama a la iglesia, definitivamente no debe tomar decisiones que cambien la vida de ella.

La mejor manera de gobernar la iglesia es ser guiado por el Espíritu y seguir cualquier forma de organización que Él te muestre. Si la iglesia ya existe cuando llegas, acepta la forma de gobierno y trabaja para mejorarla con oración y servicio desde tu corazón. Es tu trabajo conocer el gobierno de la organización de la que formas parte y complementarlo, no complicarlo.

Todas las formas de gobierno de la iglesia tienen pros y contras, y su confianza debe estar en Dios, no en una estructura de liderazgo. Además, el gobierno y la estructura son necesarios, por lo que es importante seguir evaluando, aprendiendo y mejorando. Dios siempre ha trabajado a través de la limitación de las estructuras humanas, y es increíble lo que logra cuando ponemos a las personas en primer lugar y hacemos todo lo posible para guiar (y seguir) sabia y fielmente.

CAPÍTULO NUEVE

PLANTANDO LA CASA

El remanente de la casa de Judá que se salve, echará de nuevo raíces por debajo y dará fruto por arriba.

—Isaías 37:31

Era 1992, y acabábamos de llegar al pequeño pueblo de San Ignacio, a unos noventa minutos de Mazatlán, con un pequeño equipo de estadounidenses. (Esta es la ciudad donde el comandante de policía sería sanado, lo que compartí en un capítulo anterior). Nuestro objetivo era encontrar y apoyar una iglesia existente allí. Sin embargo, después de conducir por toda la ciudad, no pudimos encontrar ninguna. No podía creerlo. Mazatlán tenía muchas iglesias, pero ahí, no pudimos encontrar una sola.

San Ignacio era bien conocido por sus insectos, drogas, calor y peligro. Era común escuchar sobre personas que perdían amigos y conocidos por la violencia del narcotráfico. Más de cinco mil personas vivían en este lugar, pero no tenían iglesia, ni pastor, ni adoración, ni comunión cristiana. *Alguien necesita comenzar una iglesia en esta ciudad,* pensé. Y sentí que el Señor me preguntaba si lo haría. "¿Quién se quedará por nosotros?" Esa era la pregunta que Dios estaba susurrando en mi corazón.

Esto fue mucho antes de que comenzáramos la iglesia de La Fuente en Tepic, cuando estaba en el proceso de cambiarme de JUCUM a la plantación de iglesias. Comenzar una iglesia en un lugar tan desconocido no sería fácil. No había mucha gente que se preocupara por el pequeño pueblo de San Ignacio. Sabía que tenía que dejar morir mi idea de tener un ministerio significativo y mis sueños de fama futura.

Decidí aceptar el reto. Todos los domingos, después de tres servicios matutinos en una iglesia en la que estaba ministrando en Mazatlán, salía solo a San Ignacio para comenzar a plantar la iglesia. Rápidamente comencé a ver cierto éxito. Una joven se ofreció a dejarme tener servicios en su casa, y poco después, comenzaron a asistir treinta jóvenes cada domingo. Ver tal resultado en un corto período de tiempo valía cualquier lucha, y fue muy alentador.

Entonces las cosas cambiaron dramáticamente. Mientras viajaba a San Ignacio un domingo en particular, me dolía el estómago y ardía como nunca. No pensé mucho en eso, y fui a la casa donde nos estábamos reuniendo. Solo tres jóvenes vinieron a nuestro servicio esa semana, así que le pregunté a la chica que nos dejó usar su casa: "¿Qué está pasando?" Me dijo que el sacerdote católico había informado a la gente que yo era malvado y que no debían permitir que sus hijos asistieran a los servicios. Todos aceptaron su instrucción. Después de darme la noticia, la joven agregó: "Por favor, nunca regreses a mi casa".

Cuando llegué a casa esa noche, tenía fiebre muy alta. ¡Tenía tifoidea! Esa misma noche recibí una llamada telefónica de los Estados Unidos; mi principal iglesia de apoyo me informó que no estaban contentos con mi trabajo y que pronto reevaluarían su apoyo financiero a mi ministerio.

En un día, la vida pasó del éxito al fracaso. Estaba sin iglesia, sin salud y sin apoyo financiero para continuar. No era nada parecido a lo que Job sufrió, pero me sentí un poco como él: Todo se había ido en un día.

Cómo luchar contra los dragones

Después de que nos tomáramos un tiempo para recuperarnos, mi esposa y yo hicimos un viaje para visitar iglesias y reunirnos con nuestro principal patrocinador financiero, el que estaba considerando retirar el apoyo. En una de las iglesias que visitamos, un joven me dijo que tuvo una visión de mí, y me preguntó si podía compartirla. Me sentía extremadamente vulnerable, así que dudaba en escuchar; pero también estaba demasiado cansado para negarle, y lo dejé continuar.

El joven me dijo que me vio luchando contra un dragón, por mi cuenta, con sólo una lanza en la mano. Había arrojado mi lanza al dragón, mas esta no hizo nada para dañarlo. En cambio, el dragón se volvió hacia mí y me quemó con fuego proveniente de su boca.

Pensé, *si él está tratando de animarme, no*

está funcionando. Sin embargo, decidí seguir escuchándolo.

Luego dijo que me vio regresar con un ejército, y juntos conquistamos al dragón. Entendí que nuestro llamado al ministerio no era un llamado a hacerlo por nuestra cuenta. Aprendí entonces que mi idea del "misionero solitario", el gran hombre de Dios que sale y hace que las cosas sucedan a través de pura determinación y fuerza de carácter, era más bien poco realista. El punto es juntar a dos o más, es ser un cuerpo unido.

Después de regresar de nuestro viaje, comencé a reunir a todos los voluntarios disponibles para ir conmigo y ayudarme a plantar la Casa. Cuando mis amigos mexicanos van a la playa o a la ciudad, traen a todos. Mamá, papá, niños, tías, tíos, abuela y el perro van y disfrutan del tiempo juntos. Así es como nuestros esfuerzos de plantación de iglesias fueron después de eso: todos iban juntos.

Ahora, cuando plantamos iglesias, siempre comenzamos reuniendo un gran equipo. Cuanta más gente haya, mejor. Invitamos a todos los que puedan venir y servir. Después de plantar iglesias durante muchos años, Dios nos ha bendecido con un equipo increíble. Cuando llegamos a una ciudad para plantar una iglesia, un pastor y un grupo de voluntarios siempre están listos para ayudar a enseñar a los niños, trabajar con los jóvenes y cubrir cualquier necesidad en la nueva iglesia. Juntos nos enfrentamos al dragón, y juntos lo derrotamos. Asaltamos las puertas del Hades, pero no prevalecen contra nosotros.

> Lo que una persona no puede hacer sola, un excelente equipo puede hacerlo.

Los resultados que se derivan del trabajo en equipo son impresionantes. Cientos de personas se reúnen en nuestros servicios, como voluntarios y sirviendo en el equipo. Lo que una persona no puede hacer sola, un excelente equipo puede hacerlo.

Al mirar a la iglesia en todo el mundo, veo más y más pastores y jóvenes que responden al reto de plantar la Casa. Aun así, muchos todavía intentan luchar solos contra el dragón. Las puertas del infierno no prevalecerán contra la iglesia, pero si no estás en la iglesia, eres vulnerable al ataque del dragón. Incluso un cristiano estelar es vulnerable sin un hermano o hermana que le cubra la espalda.

Me gustaría poder decir que cada iglesia que hemos plantado ha sido el resultado de una excelente planificación y una sabia inversión, y que el trabajo siempre ha sido fácil, divertido y satisfactorio; mas no sería cierto. Ha sido agotador, a veces, e incluso molesto, pero también ha sido glorioso y satisfactorio. Si fuera fácil plantar iglesias, ya habría una en cada ciudad. Sin embargo, ese no es el caso. Sabemos que habrá pruebas y dificultades cuando decidamos plantar una iglesia, pero vale la pena.

Consideramos una iglesia *plantada* cuando las personas están reunidas en Su Nombre. "Plantados en la casa del Señor, florecerán en los atrios de nuestro Dios" (Salmo 92:13).

En otras palabras, cuando las personas se plantan en la iglesia, la iglesia se planta en la ciudad. A veces hablamos de plantar iglesias, y otras veces hablamos de personas que se plantan en una iglesia local. Los dos conceptos trabajan juntos, como dos caras de la misma moneda.

Muchos quieren florecer sin ser plantados, pero no es así como funciona. Una planta debe tener un sistema de raíces o se marchitará y morirá. De la misma manera, la Casa es el terreno donde las personas pueden echar raíces para el Señor.

¿Cómo se ve ser plantado en la Casa de Dios? Aquí hay algunas características comunes a aquellos que están plantados y floreciendo en la casa:

- Aman a otros creyentes con amor fraternal. Sus mejores amigos están en la casa.
- Se reúnen regularmente. No dejan de reunirse como algunos lo hacen (Hebreos 10:25).
- Sirven en la Casa. Usan sus talentos y dones para ayudar a los demás.
- Dan a la Casa. Traen su diezmo. El dinero y el corazón están conectados (Mateo 6:21).

Claves para la plantación de iglesias

El trabajo de plantar la Casa es el trabajo de reunir a dos o más personas que aman a Dios y se aman mutuamente. A veces eso puede parecer como pastorear gatos o, como decimos en México, pastorear burros. Sin embargo, hemos aprendido algunas cosas que funcionan bien en la plantación de iglesias.

Primero, como dije anteriormente, *comenzamos con un equipo*. No podemos matar al dragón solos. Todas las iglesias deben comenzar con un equipo. Un pastor con dificultades me dijo una vez: "No tengo a nadie capaz para ser parte del equipo". Le pregunté: "¿Qué hay de tu esposa?" Debemos recordar a los miembros más importantes del equipo: Nuestras familias. Si su esposa e hijos no están con usted, usted no tiene un equipo. "Pues si un hombre no sabe cómo gobernar su propia casa, ¿cómo podrá cuidar de la iglesia de Dios?" (1 Timoteo 3:5).

Segundo, *el amor fraternal* entre los miembros de la iglesia produce raíces lo suficientemente fuertes como para resistir el poder de cualquier tormenta. Podemos luchar y solucionar cualquier problema si el amor está presente, gracias a la base sólida de la unidad.

Tercero, plantamos la Casa por medio de *grandes pasos de fe*. Queremos incluir tres elementos en cada servicio que tenemos. Primero, tiempos de oración consistentes, en conjunto; segundo, excelente alabanza y adoración; y tercero, la predicación poderosa. Por fe, reunimos el equipo que necesitamos para comenzar, entrenamos nuevos líderes para llenar cada posición y servimos con todas nuestras fuerzas.

Cuarto, *nos aseguramos de que las necesidades de los niños sean satisfechas*. Cuando empezamos La Fuente en un aposento alto, el espacio era muy reducido. Hasta que finalmente convencimos al propietario para que también nos rentara el piso inferior. *Por fin, ya tengo oficinas.* Eso fue lo primero que pensé. Pero mientras consideraba cómo construir muros para

> Podemos luchar y solucionar cualquier problema si el amor está presente.

hacer oficinas, una pequeña voz me recordó mis propias palabras: "¿Y qué hay de los niños?" Supe en ese momento que mi oficina tendría que esperar. La iglesia es para la nueva generación, y el ministerio de niños es una prioridad.

Es bueno que haya decidido usar ese espacio para los niños porque los niños rápidamente superaron el espacio; arrastraron a sus reacios padres, que luego se convirtieron en miembros felices, y esto hizo crecer nuestra iglesia. Cuando plantamos una iglesia, siempre nos preguntamos: "¿Y qué hay de los niños?" Nuestro equipo que trabaja con los niños de La Fuente es considerado uno de los ministerios infantiles más influyentes de México.

Quinto, una casa necesita *una ubicación*. El edificio donde se reúne la iglesia no es santo ni sagrado, pero sin un edificio, no podemos descansar y crecer en un ambiente saludable. Por otro lado, cuando la paz y la seguridad están presentes, una iglesia puede florecer.

Nuestro objetivo es que cada iglesia tenga su propia tierra y edificio donde pueda crecer. Trabajamos para tener todo en orden legal, económica y espiritualmente para que eso suceda. Si no hay un edificio adecuado para la Casa, entonces ese se convierte en nuestro primer objetivo como iglesia.

Plantamos la casa con un mínimo de dos servicios semanales, y nunca cancelamos. La consistencia es clave, siempre, y más durante la temporada de plantación. Nos esforzamos por dar lo mejor de nosotros en cada servicio, cada vez que nos reunimos.

¿Y usted? ¿Está plantado en la Casa de Dios? ¿Está floreciendo allí, con raíces que crecen profundamente en el amor y la verdad de Dios?

Más allá de eso, ¿está comprometido a ayudar a plantar la casa en lugares donde aún no existe? Todos nosotros compartimos la misión que Jesús nos dio: ir al mundo entero y hacer discípulos; ir a cada ciudad, pueblo, aldea y vecindario para plantar la Casa de Dios, y para ayudar a las personas a plantarse en la Casa de Dios.

Ya sea que su papel sea irse o quedarse, dar u orar, alentar o visitar, siempre hay más que hacer para ver la Casa de Dios plantada en todo el mundo.

CAPÍTULO DIEZ

NOSTALGIA

¡Cuán preciosas son Tus moradas, oh Señor de los ejércitos! Anhela mi alma, y aun desea con ansias los atrios del Señor; mi corazón y mi carne cantan con gozo al Dios vivo. Aun el gorrión ha hallado casa, y la golondrina nido para sí donde poner sus polluelos: ¡Tus altares, oh Señor de los ejércitos, Rey mío y Dios mío!
—Salmo 84:1-3

CUANDO ERA JOVEN, A MENUDO ME HALLABA EN problemas. Incluso me enviaron a la cárcel juvenil durante siete meses. Robé, probé todas las drogas que pude conseguir, luché y fui inmoral con las mujeres. Decepcioné y rompí el corazón de mi padre una y otra vez.

Una vez que me convertí en cristiano, mi padre y yo nos volvimos más cercanos que nunca. Papá siempre había sido amable y divertido, pero mi pecado y mi necedad produjeron una separación que solo Cristo podía reparar.

Recuerdo mi bautizo. Estaba de pie con mi pastor en una piscina frente a nuestra congregación. Mi padre se puso de pie frente a todos y pidió hablar, una petición que el pastor aceptó con gusto. Entonces, con todos mirando, mi papá comenzó a llorar. Él dijo: "Estoy muy orgulloso de mi hijo, y agradecido a Jesús por salvarlo y responder a nuestras oraciones".

¿Qué podía decir? En frente de todos ¡mi papá lloraba, y me avergonzaba! Después, obviamente, yo también me eché a llorar. Me sumergí bajo el agua, lleno de amor por mi Dios y mis padres.

Sacrificaron todo por proporcionarnos un hogar. Mi madre pasó muchas noches agonizando en oración por nosotros mientras papá trabajaba en el turno de noche. No teníamos mucho, pero teníamos lo que necesitábamos. Muchas veces, la gente les decía que aplicaran amor con disciplina y me echaran de la casa, pero siempre perseveraron y nunca dejaron de amarme.

Todavía tengo la foto de mi padre asfixiándome (de broma) frente a mi camioneta Chevy '57 mientras me despedía y me dirigía a la escuela de capacitación misional.

Inmediatamente sentí un terrible golpe de nostalgia. Sé que no suena muy "duro e independiente" de mi parte, pero no pude evitar los sentimientos de nostalgia y tristeza que me inundaron. Las lágrimas rodaron por mis mejillas mientras conducía hacia el sur por la autopista. Sabía que no volvería a vivir allí de nuevo, y lloré como un niño pequeño, solo en esa camioneta, extrañando el calor y el cariño de mi hogar.

Hay algo sobre "volver a casa" que está arraigado en el corazón humano. Fuimos creados para estar en casa. Ser parte de una familia. Estar a salvo, provisto; ser cuidado y amado. Cuando falta el hogar, nuestros corazones pueden sentirlo.

Celo por la casa

Por supuesto, muchas personas nunca han tenido un hogar al cual extrañar. La idea de la nostalgia es completamente ajena para algunos. Mientras trabajamos con los huérfanos de nuestra casa hogar en Tepic, luchamos constantemente con el problema del desapego. Muchos de ellos no pueden entender lo que es tener un hogar amoroso y seguro. Algunos niños incluso se hacen los difíciles de amar insultando, maldiciendo y golpeando al personal. Necesitan aprender que son aceptados en Jesús.

Dios nos hizo aceptados en el amado. "Así pues, ustedes ya no son extraños ni extranjeros, sino que son conciudadanos de los santos y son de la familia de Dios" (Efesios 2:19). Dios nos adoptó en Su familia y nos hizo miembros de Su casa, Su iglesia. Gracias a Su amor incondicional fue que Él hizo un lugar para nosotros. Encontramos una familia y un ambiente hogareño y amoroso en la iglesia.

Es difícil que alguien extrañe su casa si en realidad nunca tuvo una. Desafortunadamente, muchas iglesias locales son menos como hogares y más como clubes sociales o prisiones. Los miembros no son hijos, sino personas esclavizadas y obligadas a cumplir con su deber espiritual. Los pastores no son líderes siervos, sino señores o caciques controladores que dominan sobre el rebaño. No es de extrañar que las personas no sientan nostalgia cuando se van. En lugar de nostalgia, están hartos de su hogar. Experimentan alivio cuando salen de esa atmósfera condenatoria y controladora.

Dios no quiere que Su Casa sea un lugar de abuso, sino más bien uno de amor, oración y familia. Látigo en mano, Jesús limpió el templo y expulsó a los que compraban y vendían dentro de él, diciendo: "Mi casa es casa de oración, pero ustedes la han hecho cueva de ladrones" (Lucas 19:46). Juan agregó: "Sus discípulos se acordaron de que estaba escrito: 'El celo por tu casa me consumirá'" (Juan 2:17). Jesús nos mostró un celo genuino por la Casa. En cierto sentido, Él nos estaba mostrando Su nostalgia. Anhelaba que la Casa fuera lo que Dios había hecho que fuera.

> Del mismo modo, cuando la Casa ha sido corrompida y ya no funciona como Su cuerpo, sentimos un dolor que nos consume.

Del mismo modo, cuando la Casa ha sido

corrompida y ya no funciona como Su cuerpo, sentimos un dolor que nos consume. Es un anhelo por los atrios del Señor, por la presencia pura de Dios, por la atmósfera de amor y paz que el trono de gracia nos proporciona. Es lo opuesto a los vendedores, con su corrupción y abuso; su único objetivo era ganar dinero con las personas que traían sus sacrificios al templo.

Cuando llevaba sólo tres meses siendo cristiano, Brad, Carol y yo comenzamos a ir a todas partes juntos. Creo que a Carol le gustaba Brad, pero yo sólo quería estar con otros amigos cristianos y conocer al Señor. Así que cuando alguien nos invitó a ver a un evangelista de Texas en el centro de un club social, aprovechamos la oportunidad.

Cuando llegamos a la puerta, nos preguntaron nuestros nombres, dónde vivíamos y qué hacíamos. Ya dentro, el lugar me parecía raro. Los anfitriones entusiasmaron a la multitud con una dramática introducción del "gran evangelista" que estaba aquí para ministrar. Cuando llegó a la escena, tenía mucho cabello, ropa llamativa y anillos gigantes en varios dedos. Dijo que había ayunado y orado sobre cuarenta Biblias durante cuarenta días y que cuarenta personas iban a dar cuatrocientos dólares por Biblia. Esa sería la ofrenda, explicó.

Hice los cálculos: dieciséis mil dólares. Era 1980, así que era una enorme cantidad de dinero. Luego se volvió hacia nosotros, y con ojos ardientes, miró a Brad y lo llamó por su nombre, agregando de dónde era y de qué se dedicaba. Eso dejó boquiabierto a Brad. ¿Cómo supo tanto el evangelista acerca de él? Supongo que Brad olvidó que nos pidieron toda esa información cuando llegamos.

El tipo era un fraude, un charlatán y un ladrón. Incluso después de vender las cuarenta Biblias y decir que era la única ofrenda que pediría, procedió a pedir otra. Todos tenían que levantarse y marchar frente a toda la habitación para dar. Me quedé en mi asiento, avergonzado pero decidido a no darle un centavo. Esa fue la primera vez que sentí esta nostalgia, este celo por Su Casa. Tenía ganas de tomar un látigo y expulsar a ese tipo de la ciudad, con todo y su cabellote.

Brad dio una ofrenda significativa. Una vez que estábamos en el auto, le recordé que nos pidieron nuestra información personal cuando llegamos. Brad simplemente se desplomó en su asiento y gimió. Qué desperdicio. Qué pena.

Demasiados profetas falsos han convertido la Casa de Dios en una cueva de ladrones. El apóstol Pablo tenía la misma preocupación acerca de los falsos maestros. "Sé que después de mi partida, vendrán lobos feroces entre ustedes que no perdonarán el rebaño" (Hechos 20:29). ¿Está mal que protejamos ferozmente a la Casa después de toda la oración, la sangre, el sudor, el trabajo y las lágrimas que hemos invertido? Yo, por mi parte, no dejaré que los lobos entren y devoren al rebaño.

No hay lugar como el hogar

En México, hay algo casi sagrado sobre las madres. María, la madre de Jesús, es muy venerada, y la maternidad en general es un símbolo de amor incondicional, fidelidad y presencia. Para muchos mexicanos, eran sus madres las que alimentaban, consolaban y guiaban a sus hijos mientras los padres estaban fuera trabajando (o tal vez ausentes del hogar). Es por eso que, en nuestra cultura aquí, no insultas ni ofendes a la madre de alguien. O, si quieres hacer que alguien realmente se enoje, ¡usa a su madre en alguna combinación creativa con una palabrota! Creo que todos nosotros tenemos un profundo anhelo por el cariño y la comodidad de nuestra madre y nuestro hogar. Es esta nostalgia la que sentimos constantemente. Podemos pensar en la primera madre, Eva; la segunda madre, María; y la tercera, la iglesia, la novia de Cristo.

Creo que muchos de nosotros sufrimos de nostalgia no diagnosticada. El deseo de hogar está ahí, pero no hemos identificado correctamente la fuente de nuestra inquietud y anhelo. Al igual que Abraham, dejamos nuestra patria, buscando un nuevo país. "Porque esperaba la ciudad que tiene cimientos, cuyo arquitecto y constructor es Dios" (Hebreos 11:10). En lo profundo de cada uno de nosotros hay un deseo de estar en unión perfecta con Cristo, de encontrar ese hogar que Dios ha construido para nosotros.

Nunca nos sentiremos completamente en casa en la Tierra, pero lo más cerca que podemos estar es cuando formamos parte del Cuerpo de Cristo. Cuando somos congruentes con Su nombre, Él llena la Casa, y se convierte en un pedazo del cielo en la tierra. En Su Casa, encontramos la respuesta a nuestro anhelo por el cielo.

Me encanta cómo el Salmo 84 describe la Casa de Dios. Comienza diciendo: "Anhela mi alma, y aún desea con ansias los atrios del Señor" (versículo 2). Ese es el grito de un alma nostálgica.

El Salmo luego describe de manera poética nuestro viaje para encontrarnos con Dios: "Van de poder en poder, cada uno de ellos comparece ante Dios en Sion" (Salmo 84:7). El versículo justo antes de eso se refiere al Valle de Baca, que significa el Valle de Lágrimas. En otras palabras, a pesar de que enfrentamos dolor y lágrimas en la vida, encontramos fortaleza al buscar a Dios.

Luego, en el versículo 10, el salmista escribe: "Porque mejor es un día en Tus atrios que mil fuera de ellos. Prefiero estar en el umbral de la casa de mi Dios que morar en las tiendas de impiedad". ¿Puedes escuchar la pasión en su voz para hacer lo que sea necesario, para pagar el precio que sea, sólo para estar cerca de Dios? Ese es el grito de nostalgia del corazón, y encuentra su hogar en la Casa.

> No hay lugar como el hogar, y estamos en casa cuando estamos en la iglesia.

El Salmo no deja lugar a dudas de que estamos en un viaje para reunirnos con Cristo en su Casa. El propósito de esta vida no es solo sobrevivir. Es unirse a Dios en perfecto amor en el cielo. Mientras tanto, tenemos un pedazo del cielo aquí con nosotros: la iglesia. No hay lugar como el hogar, y estamos en casa cuando estamos en la iglesia.

Cuando veo los peligros y los ataques que enfrenta la iglesia, algo crece dentro de mí. Es nostalgia. Es un celo por Su Casa lo que me consume. No, la iglesia no es perfecta, pero es hermosa. Y ella es llamada y diseñada por Dios para ser un refugio para un mundo que está tratando de encontrar su camino a casa.

Es por eso que debemos trabajar más duro que nunca. La Casa es demasiado importante como para ser abandonada, pero no podemos permitir que se convierta en algo más de lo que fue diseñada para ser. No debemos permitir que los falsos profetas o los vientos de doctrina nos desvíen de nuestro rumbo. No podemos permitir que líderes abusivos y egoístas lastimen a los demás. Nunca podemos convertirnos simplemente en otro negocio o iniciativa empresarial. No debemos utilizar la Casa para atacar y competir con otros. Nunca debemos convertirla en un instrumento de política o en una base de poder. Ninguna de esas cosas producirá la Casa que Jesús está construyendo.

Sé que a algunas personas les resulta fácil hablar mal de la Casa, pero no se dan cuenta de lo que están dañando. La respuesta no es destruir la Casa que Jesús está construyendo, sino más bien construirla de la manera en que Jesús quiere, para que pueda ser una Casa de oración para todas las naciones, donde todos sean bienvenidos y todos estén a salvo.

La Casa, como hemos visto, es algo más que una idea o un esfuerzo humano. Es una creación espiritual. Algo nuevo y divino nace cuando estamos reunidos en Su nombre.

¿Recuerdas lo que Jesús oró? "Para que todos sean uno. Como Tú, oh Padre, estás en Mí y Yo en Ti, que también ellos estén en Nosotros, para que el mundo crea que Tú Me enviaste" (Juan 17:21).

Esa oración está siendo contestada hoy por personas de todo el mundo. Esta creación espiritual, este edificio hecho de piedras vivas, esta gloriosa novia, esta Casa cuidadosamente construida, es lo que Jesús está construyendo.

Él está construyendo Su Casa en toda la tierra. Y dondequiera que la construya, él hace la misma pregunta.

"¿Quién se quedará?"

ACERCA DEL AUTOR

Diego (Dwight) W. Hansen y su esposa, Mary Jo, han sido misioneros en México desde 1988, y son los pastores fundadores de La Fuente Ministerios. Diego es el director de Heart4Mexico, una organización sin fines de lucro en los Estados Unidos, y Mary Jo es la directora de la casa hogar Casa Nana. Diego ministra con frecuencia en las iglesias de la red de La Fuente, así como en muchas iglesias y conferencias en todo el mundo. A Diego le encanta construir todo tipo de cosas, pero, sobre todo, le encanta construir iglesias. Diego y Mary Jo viven en Tepic, Nayarit, cerca de sus dos hijos y su nieto.

www.ingramcontent.com/pod-product-compliance
Lightning Source LLC
Chambersburg PA
CBHW070447050426
42451CB00015B/3380